KB102023

영화로 보는 태평양전쟁

차례
Contents

03영화로 보는 태평양전쟁사 06태평양전쟁, 어떻게 일어난 전쟁인가? 13「도라! 도라! 도라!」, 진주만 공습을 소재로 한 항공 액션무비 24「그들은 희생양이다」, 존 웨인 영화답지 않은 필리핀 전투 영화 34「미드웨이」, 태평양전쟁의 전환점 48「과달카날 다이어리」, 태평양 지상전의 분수령 60「유황도의 모래」, 가부장주의와 거짓 신화가 뒤섞인 미국식 배달의 기수 74「반딧불의 묘」, 어른들이 벌인 전쟁에 휘말려든 아이들의 비극 85그 이후의 태평양전쟁사

영화로 보는 태평양전쟁사

서기 2005년은 제2차세계대전이 끝난 지 60주년이 되는 해이다. 제2차세계대전이라고 하면 대부분의 독자들은 제일 먼저 휘날리는 하켄크로이츠 깃발을 앞세우고 유럽 전역을 불바다로 만들었던 히틀러의 나치스 독일군과 그들에 맞서 싸운 연합군이 벌인 '유럽전쟁'을 떠올릴 것이다. 물론 틀린 생각은 아니다. 그러나 유럽에서 한참 떨어진, 지구 반대편에서 벌어졌던 태평양전쟁을 동시에 생각하지 않는다면, 그러한 역사 인식은 절반의 진실에 불과하다.

태평양전쟁은 무수한 우리의 선조들이 징집병, 노동자, 위안부라는 이름으로 직접 끌려가 희생당한 전쟁이다. 그러한 점에서 볼 때 유럽전쟁과는 또 다른 강렬한 역사적 의미를 우리에게 주는 전쟁인 것이다. 그러나 치욕의 과거를 기억하기 싫어하는 습관 때문인지, 아니면 한국인들에게 공통적으로 잠재되어 있는 '일본 콤플렉스' 때문인지, 일반인은 고사하고 군사전문가들 사이에서도 태평양전쟁은 쉽게 입에 올릴 수 있는 주제가 아니었다. 대형서점의 전쟁 관련 서적 코너나 비디오·DVD전문점의 전쟁영화 코너에 가 봐도 태평양전쟁을 다룬 작품이 유럽전쟁을 다룬 작품에 비해 확연히 적은 것도 바로 이러한 시류의 반영일 것이다.

하지만 치욕의 역사를 잊는 순간 그 역사는 되풀이되는 법이다. 비록 주권을 상실당한 우리 민족이 '대동아공영권 건설'이라는 일제의 허울 좋은 미명 아래 남의 전쟁에 끌려가 목숨을 잃은 치욕의 역사이지만, 그러한 역사를 피하지 않고 들여다봄으로써 같은 실수를 두 번 되풀이하지 않을 수 있는 것이다. 그러한 의미에서 필자는 지난 2000년부터 인터넷상에 '에뜨랑제의 태평양전쟁사(http://cafe.daum.net/pwarh)'라는 태평양전쟁사 연구 동호회를 만들어 운영해 왔고, 이번 기회에 '영화로 보는 태평양전쟁'이라는 책을 내게 되었다.

이 책은 우리에게 익히 알려져 있는 여러 태평양전쟁 관련 영화와 그 영화에서 재현한 전쟁의 실상에 대해 소개함으로써 태평양전쟁사에 대해 평소 관심이 많았지만 어디서부터 알아가야 할지 막막했던 일반인들도 쉽게 이해할 수 있는 책을 지향하고 있다. 물론 태평양전쟁에 대해 해박한 지식을 가진 독자들이 보기에는 분량이나 내용이 불충분할 수도 있을 것이다. 하지만 일단 막 관심을 가지신 분들을 위한 책으로 이해해 주었으면 한다. 혹시나 필자의 실수로 인해 잘못 다루어진 부분이 있다면 차쇄나 수징중보판 등에서 교정해 나가기로 하겠다.

이 책을 집필할 계획을 세우면서 처음에는 태평양전쟁 관련 영화를 구하기 어려우면 어쩌나 하는 걱정이 많이 들었다. 하지만 이러한 문제점들은 근래의 폭발적인 DVD 보급과 필자 주변의 많은 전쟁영화 애호가 분들의 도움으로 의외로 쉽게 메워 나갈 수 있었다. 이 책에서 주요하게 다룬 영화들도 가급적 현재 구하기 쉬운 영화들이 중심이 되어 있다.

태평양전쟁, 어떻게 일어난 전쟁인가?

영화 이야기에 앞서 알고 갈 것들

대부분의 사람들은 태평양전쟁의 시작을 1941년 12월의 진주만 공습으로 알고 있다. 그러나 이 사건은 어디까지나 '미국의 태평양전쟁'을 일으킨 계기일 뿐이다. 아시아의 사람들에게 태평양전쟁의 시초는 진주만 공습이 아니라 1931년 9월 18일의 만주사변이었다.

1868년의 메이지유신으로 아시아에서 제일 먼저 제국주의 근대 국가로서의 기반을 닦은 일본은 그 이후로 급속하게 부국강병의 길을 닦아 20세기 초 청일전쟁과 러일전쟁에서 과거 아시아의 맹주이던 중국과 러시아를 격파함으로써 세계를 놀

라게 했다. 이후 1910년에는 조선을 합병하고, 1914년부터 1918년 사이에 벌어진 제1차세계대전에도 연합군의 일원으로 참전하였으며, 연합군에 가종 물자를 납품하고, 연합국 대신 아시아 제국에 대한 무역을 확장함으로써 세계적으로 그 위치를 인정받게 되었다.

그러나 제1차세계대전으로 인한 호황도 전쟁의 종식으로 가라앉아 버리고, 워싱턴 회의의 결과로 일본은 대전 중 획득했던 산둥반도의 권익을 반환하고 군비도 억제할 수밖에 없었다. 이로 인해 제국주의적 약탈경제의 한계에 봉착한 일본은 1929년의 세계 경제 대공황으로 인해 엄청난 경제적 타격을 입게 된다.

또한 중국 내부에서도 국내의 통일이 진행되고, 민족주의에 대한 관심이 고조되어 일본이 가진 권익을 탈환하려는 운동이 활발해졌다. 이러한 상황에서 일본 내부의 극우 국가주의자들이나 일부 군인들을 중심으로 대륙으로 '진출'해야만 일본 경제를 구할 수 있다는 생각이 확산되었다. 그리하여 일본 육군이 일으킨 사건이 만주사변이고, 크게 보면 이것이야말로 태평양전쟁의 도화선이 된 사건이었다.

만주사변

일본의 관동군은 1931년 9월 18일 밤 10시 반, 봉천 교외의 류탸오거우에서 만주철도를 고의적으로 폭파하고 이를 중국의 군벌인 장학량 군대의 행위라는 구실로 군사행동을 일으켰다. 일본군은 장학량의 군영인 북대영과 봉천성을 공격하였고, 다음날 봉천시를 비롯하여 만주철도 연변의 주요 도시를 점령하였다. 또한 길림으로의 출병과 9월 21일 조선군(한국 주둔 일본군) 사령관인 하야시 센주로 중장에 의한 조선군의 독단 월경으로 전화는 남만주 전체에 확대되었다. 일본정부는 군사행동의 정당성과 함께 금후의 군사행동 불확대방침을 발표, 사건을 공인하였으나 육군은 이를 무시하고 전선을 확대해 만주를 계속 점령해 나갔다.

이듬해인 1932년이 되자 일본은 청 최후의 황제이던 부의를 원수로 옹립해 새로운 국가인 만주국을 세웠다. 그러나 이 나라의 실권은 일본인이 잡고 있었고, 일본의 재벌 등도 진출해서 만주국의 경제를 지배했다. 만주국은 일본의 괴뢰 정권에 지나지 않았던 것이다.

중국 국민당 정부는 일본의 만주 침략을 국제연맹에 제소하였고 국제연맹은 총회 결의로 일본의 철군을 권고했으나, 일본은 이에 대해 1933년 국제연맹에서 탈퇴하는 것으로 응수했다. 1934년에는 일본 해군의 군비를 규제하던 워싱턴 해군조약마저 파기하고, 군비 확충에 열을 올리기 시작했다.

또한 일본 국내에서는 1932년 5월 15일 수상 이누가이 쓰요시가 극우파 해군 장교들에게 암살당했다. 또 1936년 2월 26일 육군에서도 쿠데타를 일으켜 수상과 대신을 습격하였지만 불발에 그쳤다. 이런 사건들로 인해 일본 내에서 군국주의자들의 입지는 더욱 강화되었고, 만주사변으로 인한 군수품 특수와 경기 회생으로 인해 국민들 역시 군국주의자들을 지지하게 되었다.

중일전쟁

중국의 일본군은 만주에서 화북 쪽으로 진격했고, 화북에 주둔하고 있던 중국군은 1937년 7월 북경 교외에서 일본군과 마침내 충돌했다. 이리하여 중일전쟁이 발발했다. 일본군은 반년간 화북을 점령하고 남경을 공격해 35만 명에 달하는 중국 민간인들의 목숨을 빼앗았다.

이에 맞서 앙숙지간이던 중국 공산당과 국민당은 연합해 항일민족통일전선을 창설하여 한구, 중경으로 후퇴해 가며 '땅을 내어 주고 시간을 버는' 전술로 맞선다. 일본군의 점령 지역은 갈수록 늘어갔지만 실제로는 도시와 그 사이의 교통로만 확보한, '점과 선'만을 장악한 상태였다. 중국군과 민중의 저항은 계속되었다.

포로의 목을 베는 일본군. 적에 대해 식인, 병기 생체실험까지 저지른 일본군의 가혹행위는 연합군의 공포와 지탄의 대상이었다.

애초의 예상과는 달리 중국과의 전쟁이 길어지자, 일본은 국가총동원법의 제정, 정당 해산, 노조 해산, 사상 단속, 배급제 시행 등 급속히 군국주의화의 길로 돌아섰다.

미일의 대립

일본이 태평양상에서 자신들을 위협할 만한 새로운 강국으로 커가는 것을 좌시할 수 없던 미국은 이미 1897년부터 일본과의 가상 전쟁 시나리오, 즉 '오렌지 계획'을 준비하고 태평양에서의 일본과의 결전을 대비하고 있었다.

미군은 1920년대에 이미 훗날 태평양전쟁의 치열한 전쟁터가 될 태평양 도서지역에 대한 연구를 비밀리에 진행시키고 있었고, 그에 맞는 장비와 전술 또한 개발 중이었다.

미국은 동남아시아를 경유해 중일전쟁을 치르고 있던 중국을 원조했고, 1940년 5월에는 미 해군 태평양 함대를 하와이 진주만에 전진배치하여 일본의 아시아 침략을 좌시할 의향이 없음을 알렸다. 그러나 일본은 그해 6월 프랑스 패망을 기회로 프랑스령 인도차이나 북부를 점령, 인도차이나의 항구도시인 하이퐁에서 철도를 통해 중국의 국민당군에게 보급되던 연합국 물자를 차단하였다. 일본은 또한 독일, 이탈리아와 함께 추축동맹에 가입하고 1941년에는 일소 중립조약을 맺어 소련으로부터의 위협을 제거하는 등 계속하여 도발을 멈추지 않았다.

1941년 봄부터 시작된 미일교섭에서 미국은 일본군의 중국 철수 등을 요구하고 영국, 네덜란드와 공조하여 일본을 경제적으로 압박했다. 그러나 그해 7월 일본의 전시 내각은 프랑스로부터 인도차이나 지배권을 인수하였다. 이에 대해 미국도 미국 내의 일본인 재산 동결과 대일 석유 수출 금지로 답했다. 일본 수상 고노에 후미마로는 이 외교적 위기를 수습해 보려고 했지만 일본의 정치·군사지도자들은 강경한 입장을 지지했고, 1941년 10월의 내각 회의에서 일본 전국에 전쟁 준비령을 내렸다.

같은 달 고노에 후미마로는 사임하고 그 후임으로 육군대신이던 도조 히데키가 취임하였다. 일본 정부는 미국과의 교섭을 계속하면서 한편으로는 구미 제국에 맞서 전면전을 일으킬 준비를 진행하였다. 이 전쟁의 목표는 중국 전역, 더 나아가서 아시아 전역을 일본의 손아귀에 넣는 것이었고, 그러기 위해서는 이미 아시아 지역에 상당한 이권을 가지고 있던 구

좌 – 개전 당시 일본 수상 도조 히데키
우 – 대전 당시 일본 천황 히로히토

미 식민지 제국 세력, 특히 미국과 영국에 맞선 '한판 결전'이
불가피했다.

일본은 바로 이러한 역사적 배경을 바탕으로 우리가 흔히
'태평양전쟁의 도화선'으로 알고 있는, 미국에 맞선 진주만 공
습을 일으킨 것이었다.

그러면 태평양전쟁의 개전 배경에 대한 설명은 이 정도로
마치고, 다음 장부터는 진주만 공습을 소재로 한 전쟁영화 「도
라! 도라! 도라!(Tora! Tora! Tora!)」를 필두로 태평양전쟁을 다
룬 영화를 통해 태평양전쟁의 역사를 알아보기로 하자.

「도라! 도라! 도라!」, 진주만 공습을 소재로 한 항공 액션 무비

제작사 : 20세기폭스사(1970년)
감독 : 리처드 플라이셔
제작 : 엘모 윌리엄스
음악 : 제리 골드스미스
주연 : 마틴 발삼(킴멜 제독 역)
　　　 야마무라 소(야마모토 제독 역)
　　　 조셉 코튼(헨리 스팀슨 역)
　　　 미하시 다츠야(겐다 미노루 역)
　　　 제임스 휘트모어(할지 제독 역)
　　　 디무라 다카히로(후치다 미츠오 역)
상영시간 : 145분
시상내역 : 1970년 아카데미 특수효과상

미국 루즈벨트 대통령이 '치욕의 날'로 선포했던 1941년 12월 7일. 그날은 바로 일본 해군 항공대가 진주만 섬에 정박 중이던 미 해군 태평양 함대를 기습 공격하여 괴멸시킨 날이었다. 이 사건으로 인해 미국은 제2차세계대전에 직접 참전하게 된다.「도라! 도라! 도라!」는 요즘과 같은 CG가 없던 시대에 오직 실사만으로 진주만 공습이라는 스펙터클한 역사적 사건을 잘 재현하여, 약 30년 후에 나온 동일 소재의 전쟁영화(라고는 하지만 실은 항공 멜로물에 더 가까운 영화)「진주만」과 여러 모로 비교가 되고 있는 영화이다.

일요일 아침의 기습공격

이 영화는 일본 해군 연합 함대의 신임 사령관으로 야마모토 이소로쿠 제독이 취임하는 장면을 담으면서 시작한다. 태평양의 새로운 맹주가 되려던 일본의 추축동맹 가입으로 인해 일본과 그를 견제하려는 미국 사이의 긴장은 높아만 갔다. 이때 '마법'이라는 별칭으로 불리는 미국의 암호해독기관은 일본정부가 주미 일본대사관에 보내는 암호를 해독해 양국간의 전쟁 발발 징후를 탐지해 내고, 최전방이라 할 수 있는 미 해군 태평양 함대가 주둔한 진주만의 경계태세를 높인다. 하지만 일본이 하와이에 주둔하고 있던 일본계 이민들을 선동해 폭동을 일으킬 거라고 예상한 미국의 생각과는 달리, 일본은 항공모함 기동부대를 동원해 진주만의 미 해군 함대를 직접 폭격하기로 하는 정공법을 쓰기로 하고, 맹훈련에 돌입한다.

훈련을 마친 일본 해군 함대는 드디어 진주만으로 떠나고, 미국의 정보기관 역시 이 사실을 알아채지만 일본 해군이 진주만을 공격할 거라고는 꿈에도 예상치 못하고, 하와이 거주 일본인들에 의한 폭동 가능성만을 염두에 두고 있었다.

한편, 주미 일본대사관에는 미국에 선전포고를 하라는 암호문이 도착하고, 대사관 직원들이 열심히 영어로 번역하여 진주만 폭격 시간 이전에 미국에 통지하려 하지만 서투른 번역 능력 탓에 그 속도는 더디기만 하다. 태평양의 일본 해군 함대에도 진주만 공격 명령을 알리는 암호 '니이다카 야마 노보레'가 타전되고, 수병들의 열렬한 환호성을 받으며 일본 해군 함재기들이 진주만을 향해 이함을 시작한다.

그때 진주만에서는 미군 구축함이 일본 해군의 소형 특공 잠수정을 발견해 격침하고, 레이더를 통해 괴비행체의 접근이 목격되지만, 설마 하던 미군 장교들은 전혀 신경 쓰지 않는다. 결국 대미 선전포고문이 미국에 전달되지도 않은 시점에 일본 해군 함재기들은 정시에 진주만 상공에 아무 저항 없이 도달하고, 그 후부터는 일본군에 의한 일방적인 학살이 시작된다. 진주만에 정박 중이던 아리조나, 네바다 등의 전함들이 연달아 불덩이로 화해 가라앉고, 히컴 등지의 미 육군 비행장도 일본기의 총알과 폭탄 세례를 면치 못한다.

공격대에 동행한 후치다 미쓰오 중령은 작전 성공을 의미하는 암호 '도라! 도라! 도라!'를 타전한다. 하지만 함대 사령

좌 – 일본 해군의 선각자 야마모토 이소로쿠 제독
우상 – 진주만 공습의 주역인 일본 해군 0식 함상전투기(통칭 제로전투기)
우하 – 진주만 공격대 지휘관 후치다 미쓰오 중령의 영화 속 모습

관 나구모 주이치 제독은 공격대가 불필요한 손해를 입을 것을 염려하여 진주만의 도크와 연료저장고에 대한 추가 공격을 가하지 않고 일본으로 회항할 것을 지시한다. 일본 측의 선전 포고문은 진주만 폭격 후 55분이나 지나서야 미국 정부에 전달된다. 영화는 작전 성공을 보고받은 야마모토 제독이 우울한 표정으로 바다를 바라보며 끝이 난다. 잠자는 거인 미국을 화나게 했으니 그 결과는 아무도 예측하지 못할 것이라며……

태평양전쟁의 기폭제

그렇다면 여기서 영화에서 다룬 진주만 공습이 실제로는 어떠한 사건이었는지를 간략히 알아보기로 하자.

영화 초반에서도 나오듯 당시 미국의 방해로 제국주의적 침략 정책에 지장을 받고 있던 도조 히데키를 우두머리로 한 강경파 일본 내각은 미국과의 개전을 결의하고, 개전과 동시에 자신들의 활동에 최대 방해물이던 진주만의 미 태평양 함대를 공격하여 격멸하기로 한다. 그리하여 야마모토 이소로쿠 제독의 계획 하에, 영국의 타란토항 공습을 모델로 한 항모 기동부대에 의한 공습안이 실행에 옮겨진다.

물론 해전은 전함의 공격력으로 인해 성패가 결정된다고 믿던 해군 내의 대함거포주의자들의 반대—영화에서도 이 장면이 묘사되고 있다—도 있었으나, 야마모토는 그들의 반대를 무릅쓰고 작전 수립, 공격부대의 파일럿 선발 및 훈련, 진주만의 실정에 맞는 특수 장비의 개발 등 자신의 계획을 밀고 나간다.

1941년 11월 26일, 드디어 아카기를 위시한 6척의 항공모함을 주력으로 한 30척의 항모 기동부대가 북태평양을 향해 출동하였다. 일본의 항모 기동부대는 북태평양의 악천후를 방패삼아 진주만에 접근, 결국 12월 7일 오전 6시(태평양 현지시각), 오아후 섬 북방 230마일 거리 해상에서 제로전투기, 99식 함상폭격기, 97식 함상공격기 등으로 구성된 183대의 제1차 공격대가 이함하고, 1시간 15분 뒤에는 167대의 제2차 공격대가 이함한다. 이에 앞서 같은 날 오전 0시, 진주만 항구 내에 혼란을 가중시키기 위해 일본의 특공잠수정 5척이 진주만으로 투입된다.

미군은 일본이 가까운 장래에 개전할 것이라고는 예측하고

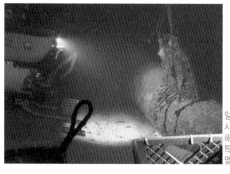

일본 해군이 진주만 공습 당시 사용했던 특공잠수정의 잔해. 항공부대와는 달리 이들 특공잠수정 부대는 결국 전멸을 면치 못한다.

있었으나 하와이로 접근하는 일본 기동함대에 대해서는 알지 못했다. 더욱이 레이더에 포착된 일본기를 그날 아침에 오기로 했던 아군 폭격기로 착각하는 등 판단 착오까지 겹쳐 일본군의 기습은 완벽한 성공이었다. 미군 전함 4척, 부설함 1척, 표적함 1척이 격침당하고, 전함 4척, 경순양함 4척, 구축함 3척, 수상기모함 1척, 공작함 1척 파괴, 항공기 격파 230대(공중격추 17대), 미군 전사 2,403명, 부상 1,178명의 피해를 입히는 등 이 기습공격으로 인해 하와이 주둔 미 해군과 육군 항공대 전력은 완전히 일소되었다. 일본군의 피해는 항공기 29대, 특공잠수정 5척, 인명피해 65명에 불과했다.

그러나 당시 미군의 항공모함은 일본군을 경계하기 위해 하와이를 떠난 상태였다. 많은 일본군 간부들이 진주만에 대한 재차 공격을 펼치고 항공모함을 찾아 격침해야 한다는 주장을 폈다. 그러나 기동부대 사령관인 나구모 제독은 이미 소기의 목적을 달성하였고 더 이상의 공습은 아군의 손실을 증

가시킬 뿐이라며 작전을 중단하고 귀환함으로써 미국을 제2차세계대전으로 끌어들인 진주만 공습작전은 일단락된다.

공습의 실감나는 재현

이 영화 초반부에 나오는 자막의 해설에도 나와 있듯이, 영화는 실제 진주만 공습작전을 작은 에피소드 하나까지 무서우리만치 실제 역사에 충실하게 묘사하고 있다. 따라서 진주만 공습작전에 대해 신속한 이해를 돕기에 매우 적절한 자료이지만, 영화라는 매체의 한계로 보충설명이 부족했거나 언급되지 않은 뒷이야기들도 많이 있으므로, 본문에서는 그런 부분들을 중심으로 이야기를 해보기로 하자.

일본 해군 함대의 모습은 군함 실물이 남아 있지 않았기 때문에 대부분 미니어처 촬영을 했지만, 그렇게 할 수 없는 부분(사람이 그 위에 서 있다거나, 비행기를 이함시키는 상황)에서는 대역 군함을 사용하거나 군함 모양의 세트를 만들어 촬영했다. 예를 들면 아카기의 대역은 미 해군 항공모함 CV-10 요크타운(미드웨이 해전에서 가라앉은 동명의 CV-5 요크타운과는 다른 배)이 맡았다. 일본 전함 나가토와 진주만에서 폭격을 맞아 불타는 미 전함 아리조나 호는 세트를 만들어 촬영한 것이다.

또한 실물을 구할 수 없는 일본 해군기의 경우는 다른 비행기를 일본기처럼 보이도록 개조하는 방법이 사용되었다. 초반에 겐다 미노루가 칭찬하던 제로 21형은 T-6 택산 연습기를 개조한 것이고, 진주만을 마구 때려 부수던 99식 함상폭격기와 97식 함상공격기는 BT-13 항공기를 개조한 것이다. 일본 해군 조종사 출신들도 '실물과 분간할 수 없을 정도로' 잘 개조되었다고 칭찬한 바 있던 이 개조 항공기들은 30년 후 영화 「진주만」에도 출연하게 된다. 그 외에 미군의 병기는 대체로 실물이나 폭파용 모형 등이 많이 출연하고 있다.

영화에는 진주만 주둔 태평양 함대의 새로운 사령관인 킴멜 제독이 "진주만은 수심이 너무 얕아서 어뢰를 쓸 수 없어"라고 하는 대사가 나온다. 그럼에도 불구하고 일본군이 어뢰 공격에 성공한 것은 기존 어뢰 뒷부분에 안정익을 붙여서 어뢰가 해저에 박히지 않고 주행할 수 있게 개조한 때문이었다(영화 「진주만」에 보면 잘 나온다).

일본의 암호를 족족 해독하던 미국의 해독 기관 '마법'은 실제로 존재하던 곳이었다. 이곳의 경비 수준은 원자폭탄 연구소 수준이었으며, 여기서 해독한 문서들 중에는 1993년이 되어야 기밀이 해제된 것도 있을 정도로 철통같은 보안을 자랑했다.

영화 내내 등장하는 미군 병사들의 철모는 우리가 잘 아는 M-1 헬멧이 아니라 중절모처럼 생긴 이상한 모양의 철모다. 이는 본래 영국군의 철모였으나 미군도 제1차세계대전 때 도입하였고, 1942년에 M-1 헬멧이 나올 때까지 계속 사용한 것이었다.

영화 후반부에 일본의 특공잠수정이 진주만으로 침투하다

가 미군 구축함에 발각되어 격침당하는 장면이 나오는데, 이 또한 앞에서도 잠시 비추었듯이 실화이다. 해군 항공부대에 공을 뺏길 수 없다는 대함거포주의자들의 주장에 힘입어, 무장 어뢰 2발에 배수량 40톤급, 2인승의 특공잠수정 5척이 오아후 섬 근해의 일본 해군 이호 잠수함에서 발진하여 진주만으로 파괴공작을 떠나게 된다. 하지만 모두가 미군에 의해 격침되거나 좌초, 혹은 자폭하는 등의 손실을 당하고, 승무원 10명 중 9명이 전사하고 나머지 1명은 살아남아 태평양전쟁 최초의 일본군 포로가 된다. 이 잠수정 중 1척이 미군 전함 웨스트버지니아 호에 어뢰 공격을 가해 성공시켰다는 설도 있다.

97식 함상공격기 기내에서 공습 성공 암호 '도라! 도라! 도라!'를 타전하던 공격대 지휘관 후치다 미쓰오 중령은 훗날 미군 포로에 의해 감화를 받아 기독교로 개종하여 선교사가 된다. 그는 훗날 한국에도 방문, 일본의 식민통치를 사죄하는 연설을 했다.

치열한 진주만 공습 와중에 한 흑인 수병이 대공기관총을 잡고 일본기에 사격을 가해 댄다. 이것은 도리스 밀러라는 실존 인물의 행적을 그대로 옮긴 것으로, 본래 취사병이던 그는 진주만 공습 시 군함의 대공기관총으로 일본기 2대를 격추, 해군 십자훈장을 받는다.

공습 도중에 미군 전투기(P-40) 2대가 출격하여 일본기와 사투를 벌이는 장면 역시 공습 당시 조지 웰치와 케네스 테일러 등 두 미군 조종사가 벌였던 전투를 재현한 것으로서, 두 조종사는 이날 일본기 6대를 격추했다고 한다.

공습 도중 미군 격납고에 돌입, 자폭한 일본기는 공습 당시 피탄되자 미군 비행장에 돌입해 자폭한 일본 해군 이이다 대위의 실화를 모티브로 삼았다. 태평양전쟁 최초의 가미가제일지도 모른다.

진주만 공습에 관해 떠오르는 의혹들

흔히 진주만에 대해 이야기하다 보면 많은 사람들이 두 가지 의혹을 제기하곤 한다. 첫 번째로는 미국이 참전을 위해 고의적으로 진주만 공습을 유도했다는 이른바 '진주만 음모론'이다. 그리고 두 번째는 '과연 일본이 제3차 공격대를 파견하여 진주만을 보다 철저히 폭격했다면 전쟁에서 이길 수 있었을까?' 하는 의문이다.

하지만 태평양전쟁의 역사를 장기적인 관점에서 바라보면 이 두 가지 의문에 모두 부정적인 대답을 내릴 수밖에 없다.

우선 진주만 공습 훨씬 이전에도 미국과 일본이 한판 붙을 분위기가 조성되었다는 것은 이 책을 잘 읽어 온 독자라면 누구나 알 수 있을 것이다. 이미 미국은 일본의 도발을 예상하고는 있었다. 하지만 그들은 일본 항모기동부대 출항 소식과 해독된 일본 암호를 접하고도 미국에 의해 자원 공급선이 끊긴 일본이 자원지대인 동남아시아를 공격할 거라고 생각했지 진주만을 직접 치리라고는 꿈에도 생각하지 못했다. '진주만 음모론'의 근거로 당시 해군 항공모함들이 진주만 내에 없었다는 사실을 지적하기도 하지만, 만약 미국이 진짜 음모를 꾸몄다면 그 항공모함들을 안전한 미국 본토로 보내지 군이 영화에서 묘사된 바와 같이 웨이크나 미드웨이 등의 전방을 순찰하게 할 이유가 없었다.

두 번째 의문도 역시 마찬가지이다. 야마모토 제독은 진주만 공습의 입안자였지만, 미국과의 개전에는 '1년 이상 전쟁에서 버틸 수 없다'며 끝까지 반대했다. 그는 지미파로서 미국과 일본 사이의 엄청난 국력 차이를 알고 있었던 것이다. 설령 진주만 공습 당시에 일본 해군이 진주만의 도크와 연료저장소, 그리고 태평양을 배회하던 미군 항공모함들을 찾아 모조리 파괴시켰다고 할지라도, 개전과 동시에 무서운 속도로 돌아가기 시작한 미국의 군수산업은 그 정도 손실은 가볍게 메울 능력이 충분히 있었다. 전차 하나만 보더라도, 미국이 제2차세계대전 동안 생산한 셔먼 전차 하나의 숫자가, 독일이 제2차세계대전 동안 생산한 모든 전차의 수보다 많았다. 결국 일본이 진주만에 제3차 공격을 가했다 하더라도, 1945년 8월에 끝날 태평양전쟁을 1946년 2월에 끝내는 정도의 효과밖에는 기대할 수 없었을 것이다.

야마모토 제독이 영화 마지막에 '우리는 잠자는 거인을 분노하게 했다'고 한탄했듯이, 결국 이 전쟁 후반에 미군은 일본 본토로 진격을 개시하면서 진주만에서의 수모를 몇십 배, 몇백 배로 되갚아 주게 된다.

「그들은 희생양이다」, 존 웨인 영화답지 않은 필리핀 전투 영화

제작사 : MGM(1945년)
감독 : 로버트 몽고메리, 존 포드(전직 미 해군 대령)
주연 : 로버트 몽고메리(존 브릭 대위 역)
　　　 존 웨인(러스티 라이언 중위 역)
　　　 도나 리드(샌디 데이비스 소위 역)
　　　 잭 홀트(마틴 장군 역)
　　　 마샬 톰슨(가드너 소위 역)
　　　 폴 랭튼(앤디 앤드류스 소위 역)
　　　 레온 에이미스(제임스 모튼 소령 역)
　　　 아더 월쉬(존스 수병 역)
상영시간 : 135분

진주만 공습 그 이후……

진주만 공습으로 눈엣가시였던 미 태평양 함대를 격멸한 일본군은 즉시 노도와 같은 기세로 동남아시아의 자원지대를 향해 진격을 개시한다.

남방 작전이라고 불리는 이 작전은 영국령 홍콩, 말레이시아, 보르네오, 버마, 미국령 필리핀, 네덜란드령 자바, 수마트라, 셀레베스 중부 태평양의 미국령 괌, 웨이크 제도, 오스트레일리아 신탁통치 하의 라바울 등 동서 약 6,300킬로미터, 남북 3,500킬로미터 범위의 광대한 지역이었다.

진주만 공습 몇 시간 후에 필리핀에 주둔한 미 육군의 항공기들은 타이완에서 출격한 일본 항공부대의 기습공격에 의해 주기 중에 모두 격파되었다. 필리핀에 상륙한 일본군 부대는 도망치는 미군들을 신속히 추격하였다. 루존 섬에 주둔했던 미국과 필리핀군의 혼성 부대는 바탄 반도에서 내쫓겨 마닐라만으로 도망쳤다. 진주만 공습 3일 후인 12월 10일, 일본 해군의 지상발진항공기가 말레이시아 해안에서 일본군을 저지하던 영국 전함 프린스 오브 웨일즈와 순양전함 레펄스를 침몰시켰다. 일본군은 신속히 영국의 극동기지였던 말레이 반도와 싱가포르를 점령하였다. 일본군은 미국령 웨이크 제도와 괌도 공격하여 점령하였다. 뉴브리튼, 뉴기니아 일부, 아드미랄티 군도, 길버트 군도, 석유자원이 풍부한 네덜란드령 동인도(현 인도네시아)도 일본군의 수중에 떨어졌다.

일본군의 작전은 그들 스스로 평가해 보아도 최고의 성공이었다. 자원이 풍부한 동남아시아를 정복한 것 이외에도, 일본 본토에 직접 육해공 타격을 가할 수 있는 모든 지역을 다점령한 것이기 때문이다. 북으로는 알류산 열도, 남으로는 뉴기니아, 동으로는 웨이크 제도, 서쪽으로는 버마를 경계로 하는, 오스트레일리아를 제외한 태평양 전역이 모두 일본군의 수중에 떨어졌다.

이 영화 「그들은 희생양이다(They Were Expendable)」는 이러한 절망적인 상황에 놓인 필리핀 주둔 미 해군의 PT어뢰정 부대에 관한 영화이다. 이 영화의 스토리는 윌리엄 린지 화이트가 지은 동명의 소설을 바탕으로 한 것이다.

음울한 패배의 풍경화

이 영화는 우선 태평양전 전몰장병에 대한 맥아더 장군의 감사의 말로 시작된다. 그와 함께 브릭 대위가 이끄는 필리핀 카비테 주둔 제3어뢰정대의 PT어뢰정들이 요란하게 물살을 가른다. 이 모습을 참관한 제독들은 PT보트가 멋있기는 하지만 실전에 쓸모가 있을지는 의심스럽다며 사라진다.

사열이 끝난 후 30년간 근무한 고참 군의관 원사의 전역을 축하하는 파티 자리에서 일본의 진주만 폭격 뉴스가 나온다. 어뢰정 기지에도 비상이 걸리고, 브릭은 공습경보가 떨어지자 어뢰정을 모두 바다로 소개시킨다. 어뢰정들은 일본 전투기와

격전을 벌이지만, 일본 전투기들은 어뢰정 기지를 폭격해 잿더미로 만들어 버린다. 이때 어뢰정 34호정의 정장 러스티 중위가 부상을 당한다.

어뢰정들은 카비테를 떠나 바탄으로 후퇴한다. 하지만 거기서도 밀리고 있던 미군은 어뢰정 부대에 아무 지원도 해주지 못한다.

그 와중에 사령부에서는 수빅 만에 입항한 일본군함들을 격침하라는 명령을 어뢰정 부대에 내리고, 러스티는 이 임무에 자원했으나 부상이 패혈증으로 악화되어 병원으로 입원하고, 대신 브릭의 41호정과 쇼티의 31호정이 임무에 나선다. 중도에 31호정은 적의 사보타지와 매복에 걸려 격침, 전원 퇴함하고, 41호정이 홀로 일본 군함에 접근, 격침하고 돌아온다.

병원에 입원한 러스티는 간호사 샌디 소위와 만나 로맨스를 꽃피우고, 샌디를 어뢰정 부대에 초청, 만찬을 함께하기도 한다. 그 와중에도 어뢰정 부대의 처절한 사투는 계속 이어지고, 많은 승무원들이 목숨을 잃는다.

한편 사령부에서는 필리핀에서 주요 요인들을 호주로 탈출시킨다는 극비지령을 내린다. 이 임무에 브릭의 어뢰정 부대도 동원되었고, 살아남은 어뢰정들은 맥아더 장군을 비롯한 육해군의 고관들을 태우고 민다나오로 퇴각한다. 배를 잃거나 해서 같이 갈 수 없던 나머지 어뢰정 대원들은 바탄에 그냥 버려진다. 러스티도 전화로 샌디에게 이별을 고하지만 그들의 통화는 중간에 끊어진다.

민다나오에 도착하자 장성들은 자동차로 어디론가 떠나 버리고, 어뢰정 부대는 바탄에 두고 온 전우들을 데려오지도 못하고 보급품도 없이 아무 희망 없는 전투에 계속 투입된다. 사기가 떨어진 어뢰정 부대의 장병들이 근무를 이탈해 맥주를 마시는 동안 러스티의 34호정은 썰물에 의해 좌초되어 파손되어 버린다.

34호정의 수리를 맡긴 민간인 수리 도크에서 우연히 만난 아군 잠수함의 어뢰를 구한 어뢰정 부대는 일본 해군 모가미급 순양함과 호위 구축함 저지 임무를 맡게 된다. 브릭의 41호정과, 방금 수리를 마친 러스티의 34호정이 전력 출격해 모가미급 순양함을 격침시킨다. 그러나 전투의 와중에 두 어뢰정은 길을 잃고 헤어지게 되고, 러스티의 34호정은 일본 전투기의 공습으로 격침당해, 승무원 2명이 전사한다.

근처 마을 교회에서 전사 승무원의 장례식을 치르고 나오니 라디오에서 바탄의 미군 3만 6,000명의 항복 소식이 들려오고 있었다. 항복한 미군들 속에는 두고 온 어뢰정 부대의 전우들도 있었다.

러스티는 살아남은 승무원들을 인솔하여 브릭 대위를 힘들게 찾아가지만 최후까지 남은 어뢰정인 브릭 대위의 41호정 역시 육군에 인계되고 없었다.

이제 어뢰정이 없는 어뢰정 부대원들은 마틴 장군의 사령부로 향한다. 장군과 만난 브릭과 러스티는 비행장에 가서 호주로 탈출하라는 명령을 받는다. 그들은 이 전쟁에서 PT어뢰

영화의 주인공 존 웨인

정의 가치를 입증해 보인 대단한 요원들이기 때문이라는 것이다. 그러나 생사고락을 함께 했던 부하 수병들까지 함께 데려갈 수는 없었다.

이 명령을 전해 들은 어뢰정 부대의 부하 수병들은 두 장교에게 작별을 고하고 하모니카 군가 연주에 발맞추어 정글 속으로 나아간다. 부하 수병들이 러스티와 브릭을 태운 비행기가 날아가는 모습을 올려다보며, 'I Shall Return(나는 반드시 돌아오겠다)'이라는, 필리핀 철수 당시에 맥아더 장군이 했던 유명한 말을 마지막으로 영화는 끝난다.

영화의 주역 PT어뢰정

이 영화는 흔치 않은 소재인 PT보트라는 병기가 주역으로 등장하여 이야기가 진행되고 있으므로, PT보트가 어떤 배인지 정도는 간단히 알아 두고 가는 것이 좋을 것이다.

PT보트는 Patrol Torpedo Boat(초계 어뢰정)라는 긴 이름의 약칭이다. 선체는 목재로 되어 있고, 길이는 24미터, 배수량은 55톤 정도의 소형 함정이다. 동력원은 출력 1,500마력의 팩카드 마린 엔진 3기, 연료탑재량은 3,000갤런(항공유)이다. 8노

트 속도에서 40노트로 가속하는 데 11초가 걸리며 최고속도
는 시속 48노트(약 90킬로미터)이다.

무장으로는 후방에 40밀리 보포스 포, 좌우현에 쌍열식 캘
리버 50기관총 하나씩, 전방에는 20밀리 오리콘과 37밀리 포,
그리고 주무장으로 4개의 MK-VIII어뢰와 폭뢰를 장비한다.
기타 승무원 자위용으로 박격포, 연막발생기, 소총, 수류탄 등
도 비치되어 있다.

탑승 인원은 장교 한두 명과 사병 14명으로 구성되어 있으
며, 예비 인원을 둘 수 없는 작은 배기 때문에 전 승무원은 자
신의 주특기 이외에도 배 안에서 일어나는 모든 일을 다 처리
할 수 있는 능력을 갖추어야 한다.

참고로 미국 대통령 존 F. 케네디도 태평양전쟁에 참전했던
군 시절 이 배의 정장이었고, 배가 일본군에 격침된 상태에서
도 대부분의 승무원을 살려 돌아온 공로로 해군 해병훈장을
수여받았다.

PT보트

당시 미국 영화답지 않은 특이한 작품

우선 제목에서도 알 수 있듯이, 이 영화는 영화 곳곳에 배어 있는, 문자 그대로 '소모품'처럼 취급당하는 미 해군 어뢰정 부대원들의 모습에서 존 웨인 출연 영화, 아니 당시의 미국 전쟁영화답지 않은 염세적이고 우울한 분위기가 느껴지는 특이한 전쟁영화이다.

우리 귀에 익숙한 여러 군가와 찬송가들을 영화음악으로 사용하여 분위기를 북돋워 보려고 하지만, 영화 전반에서 풍기는 분위기는 그야말로 처절하기 그지없다. 여기에는 필리핀 함락이라는, 영화 배경의 시대적 상황이 한몫했을 것이다.

이 영화는 전쟁이 끝난 직후(1945년)에 촬영되었다고 하는데, 승전 분위기로 미 전국이 들떠 있던 당시에 왜 이런 우울한 패전 내용의 영화를 만들었는지는 다소 미스터리한 부분이 있다. 그런 의미에서 동시대에 무더기로 쏟아져 나왔던 미국판 '배달의 기수' 식 전쟁영화(사실 이 책에서 소개하는 영화 중 상당수가 그런 영화이기는 하지만)와는 좀 다른 맛을 주는, 연구해 볼 만한 가치가 충분한 영화라고 할 수 있다.

또한 종전 직후의 사회상을 반영하듯이 미 해군과 해병대의 예비역 장교들이 영화 제작에 중심적인 역할을 맡아 눈길을 끈다. 일단 영화감독 존 포드부터가 미 해군 예비역 대령 출신이고, 육군과 해군, 해안경비대, 전략사무국 등의 지원을 받아 영화를 촬영했다고 한다.

등장하는 장비들을 잠시 보자면, 일단 주연으로 나오는 어뢰정 부대의 복장과 무기는 매우 잘 재현된 편이다. 어뢰정의 전투 장면도 실물 어뢰정이 직접 나오므로 대단히 실감나고, 특히 후반부 장면에서 일본의 모가미급 순양함과의 전투 장면은 박력 그 자체다. 다만 아쉬운 점이라면 실제 역사에서 일본 모가미급 순양함이 미군 어뢰정에 의해 격침당한 기록은 전혀 없었다고 한다. 어차피 이 영화는 픽션에 가까운 성격을 띠고 있으므로 굳이 따질 필요는 없겠지만 말이다.

　영화 초반과 후반에 미군 어뢰정들을 폭격하는 일본 전투기들은 미국제 SBD 던트레스 급강하 폭격기와 킹피셔 수상기에 일본군 마크만 붙이고 대역 출연한 것으로 보인다. 이 또한 실제 항공기가 등장해 박력을 더해 준다.

　수병들의 무기로는 M-1903 볼트액션(한 발 쏠 때마다 재장전해야 하는) 소총과 M-1928 톰슨 기관단총, 콜트 45 권총 등이 나오지만 행인지 불행인지 이들 소화기의 사격 장면은 거의 없다. M-1903 소총은 제2차세계대전 미군 병사들의 표준 제식 화기인 M-1 개런드 반자동 소총보다 이전에 쓰이던 모델로서, 아무래도 해군은 육군에 비해 신형 총기의 보급이 늦은 편이기 때문에 고증상 잘못된 것은 아니다. 소화기 사격 장면이 없는 대신 어뢰정에 거치된 캘리버 50 기관총은 영화 내내 그야말로 신들린 듯이 불을 뿜어 댄다.

영화 이후의 필리핀 전투

맥아더 장군과 퀘존 필리핀 대통령은 일찌감치 필리핀을 탈출하고, 잔류한 미군과 필리핀군은 지휘관도 보급도 없이 절망적인 전투를 계속해 나간다.

영화에도 묘사된 것처럼 1942년 4월 9일에 바탄 반도가 일본군의 수중에 떨어져 5만 6,000명의 연합군 장병이 모두 포로가 된다. 용케 포로를 면한 연합군은 56문의 포를 장비한 코레히돌 요새로 도망쳐 항전을 계속하지만 1942년 5월 5일 일본군은 코레히돌 요새에 상륙, 불과 4시간 만에 해안방어진지를 돌파했다. 5월 6일 필리핀 주둔 연합군 사령관 웨인라이트 중장은 루즈벨트 대통령에게 항복하겠다고 보고한 후, 7일에 필리핀 전토의 연합군 항복을 요구하는 일본군의 항복문서에 서명하고, 이 사실을 방송으로 전달함으로써 필리핀 캠페인은 막을 내리게 된다.

그로부터 2년 5개월 만인 1944년 10월 20일, 미군이 필리핀에 다시 상륙할 때까지 '바탄의 죽음의 행진'과 같은 일본군의 가혹행위로 무수한 포로들이 목숨을 잃었다. 용케 도망쳐 포로를 면한 미군과 필리핀인들은 자생적으로 저항조직을 만들어 일본군에 맞섰다. 필리핀에서 일본군은 전쟁이 끝나는 날까지도 산발적인 저항을 펼쳤으며 1945년 9월 3일이 되어서야 항복했다.

「미드웨이」, 태평양전쟁의 전환점

원제 : Midway(1976년, 유니버설사 배급)
감독 : 잭 스마이트
제작 : 월터 미리쉬
주연 : 찰톤 헤스톤(매튜 가르스 대령 역)
　　　 헨리 폰다(체스터 니미츠 제독 역)
　　　 에드워드 앨버트(토마스 가르스 소위 역)
　　　 글렌 포드(레이몬드 스프루언스 제독 역)
　　　 미후네 도시로(야마모토 이소로쿠 제독 역)
　　　 로버트 미첨(윌리엄 할지 제독 역)
　　　 로버트 웨버(프랭크 플레처 대령 역)
　　　 제임스 시게타(나구모 주이치 제독 역)
　　　 크리스티나 코쿠보(사쿠라 하루코 역)
상영시간 : 132분

필리핀 이후의 태평양전쟁사

필리핀에서 격전이 벌어지고 있는 동안에도 일본군은 연합군의 저항을 무릅쓰고 서태평양 정복을 계속하고 있었다. 야마모토 제독의 계획에 의하면, 일본의 최고의 목표는 세계에서 제일 큰 섬인 뉴기니아였으며 그 섬은 남부의 토레스 해협으로 오스트레일리아와 분리되어 있었다. 뉴기니아야말로 오스트레일리아 북부해안을 정복하거나 무력화시키기 위하여 꼭 점령해야만 하는 표적이었다. 이 전쟁이 벌어졌을 때 뉴기니아 서부는 네덜란드 영토였고 대부분 미개척지였으며 파푸아를 포함한 동부는 영연방 오스트레일리아의 지배를 받고 있었다.

일본군은 1942년 3월 초에 뉴기니아 북부 해안에 아무런 저항 없이 상륙하였다. 소수의 오스트레일리아 주둔군은 도망쳐 버렸다. 그러나 오스트레일리아군은 자신들이 파푸아의 수도인 남동해안의 포트 모레스비를 지켜야 한다는 것은 알고 있었다. 왜냐하면 일본군이 그 곳의 항구와 비행장을 점령할 경우 일본 폭격기는 오스트레일리아를 폭격할 수가 있고, 거기서 일본 상륙군이 발진하여 오스트레일리아에 상륙할 수도 있기 때문이다.

일본군은 포트 모레스비에 대한 대규모 공격작전을 기획했다. 이른바 MO(MOresby) 작전이었다. 70척의 군함이 투입되며 공격부대와 지원부대는 소형 항공모함에 탑승하며 2척의 대형 항공모함을 미군의 공격으로부터 지켜 냈다. 그러나 니미츠 제독은 이미 암호 해독을 통해 이런 일본군의 계획을 다 알고 있었다. 1942년 봄, 이미 일본 해군의 통신은 조직적으로 도청되고 있었다.

일본 군함들이 포트 모레스비로 출항할 때 니미츠는 2척의 항공모함과 호위용 순양함, 구축함들을 산호해로 보내 일본 함대를 공격했다. 1942년 5월 7일부터 8일 사이에 벌어진 산호해전은 해전 사상 최초로 전적으로 비행기에 의해서만 벌어진 해전이었다. 양편의 군함들은 서로를 볼 수 없는 먼 거리에서 싸웠다. 일본의 소형 항공모함 쇼호가 격침당했고 대형 항공모함 쇼가쿠가 피해를 입었다. 미 해군은 당시 세계 최대의 항공모함 2척 중 하나였던 렉싱턴을 잃었고 유조선과 구축함 1척씩을 잃었다. 렉싱턴의 손실은 쇼호의 손실보다 더 심각한 것이었다. 그러나 일본은 대체 불가능한 많은 숙련된 해군 조종사들을 잃어버렸다. 쇼가쿠는 수리공장에 들어가 한 달간 출격하지 못했고 주이가쿠는 막대한 피해를 입은 자신의 항모 항공단을 재정비해야 했다. 그리고 가장 중요한 것은 포트 모레스비를 향하던 일본의 공격부대가 작전을 포기하고 도망쳐 버린 것이다.

이 전투는 오렌지 계획에서 구상했던 결정적인 해전은 아니었지만 첫 번째 일본군의 패전이었다. 포트 모레스비는 일본의 수많은 목표물 중 하나에 불과했다. 일본군은 다른 한편으로는 진주만 서북방 1,100마일 거리의 미드웨이 환초의 미

1942년 4월 항모 호넷 함상에서 발함하는 지미 두리틀의 B-25. 미국판 가미가제라 할 수 있는 무모한 작전이었지만 미일 양국의 국민 사기에 끼친 영향은 막대했다.

군 전진기지를 점령하려고 했다. 이 공격을 위해 일본은 태평양전 사상 최대의 함대를 조직하였다. 주력은 전함 7척과 항모 4척이었다. 그리고 그 외에도 소형항모 여러 척이 이 함대에 배속되었다.

한편 1942년 4월 18일, 제임스 두리틀 중령이 이끄는 미 육군의 B-25 폭격기 16대가 일본 근해까지 접근한 미 항공모함 호넷 함상에서 발함하여 일본 본토의 도쿄, 고베, 나고야, 요코하마 등지를 폭격했다. 폭격의 효과는 미미했으며, 동원한 비행기를 모두 잃었고 참가 승무원 80명 중 8명은 일본군에게 체포되어 그중 3명이 사형당했지만, 이 작전은 진주만 공습으로 크게 침체된 미국 국민의 사기를 높여 주었고, 일본에게는 일본 본토가 미군 항공모함을 통해 직접 공격당할 수도 있다는 두려움을 안겨 주었다.

따라서 일본 해군은 잔존한 미 해군의 항모 기동부대 전력을 일소하기 위해, 미드웨이 섬 및 알류산 열도에 대한 양동공격을 실시하여 미 항모를 유인해 섬멸할 계획을 짜기 시작했고, 태평양 해전의 분수령이라 할 수 있는 1942년 6월 4일의 미드웨이 해전은 이렇게 시작되었다.

태평양 해전의 분수령

영화는 앞서 언급한 그 유명한 두리틀 폭격대의 일본 본토 폭격 장면으로부터 시작한다. 개전 전 미국과의 전쟁에 반대했던 야마모토 제독은 이 소식을 전해 듣고, 미드웨이 섬과 알류산의 미군기지를 공격하여, 미국 항모기동부대를 여기에 끌어들여 일소하는 M-I작전에 대해 구상을 시작한다.

미국에서는 매트 가르스(찰톤 헤스톤 분) 해군대령이 해군 조종사인 아들 톰 소위와 만나 아들이 일본 여자, 그것도 적성 국민 강제이주법에 따라 강제수용소에 감금된 여인과 사랑에 빠졌다는 말을 듣고 충격을 받는다.

일본 군부 내에서는 M-I작전의 필요성에 대해 갑론을박이 이어지지만 결국 결행하기로 결정된다. 일본군의 암호 중에서 A-F라는 단어가 유독 많이 등장함을 눈치 챈 미군은 이곳이 어디일지 알아보기 위해서 북태평양 미드웨이 섬의 미군기지에 담수응축기가 고장 났다는 가짜전문을 보내라고 명령하고, 이후 일본의 암호에서는 'A-F에 식수가 부족하다'라는 말이 발견된다. A-F는 바로 미드웨이를 가리키는 것이었다.

하지만 광대한 태평양에 일본군을 저지할 항모기동부대 전

력이 항모 엔터프라이즈, 호넷, 그리고 산호해 해전에서 대파
되었다가 군민의 헌신적인 수리로 3일만에 전열에 복귀한 요
크타운 등 3척밖에 남지 않은 상황에서 미군은 일본군이 과연
미드웨이를 공격할 것인지, 아니면 미국 서해안을 직접 공격
할지를 궁금해 한다.

한편 일본 해군은 진주만 공격을 성공으로 이끌었던 겐다
미노루, 후치다 미쓰오 두 항공참모가 병에 걸려 결석한 상태
에서, 자그마치 165척의 각종 함정을 동원하여 알류산 열도와
미드웨이 공격에 나선다. 이중에서 미드웨이 공격의 주력은
나구모 주이치 제독이 이끄는 제1항모 공격함대로서, 항모 소
류, 가가, 아카기, 히류 등의 항공모함으로 편성되어 있었다.
야마모토 이소로쿠 제독도 세계 최대의 거함 야마토(7만 2,000
톤급)에 탑승하여 직접 지휘에 나섰다.

가르스 대령은 수용소에 있는 아들의 애인 사쿠라 하루코
를 면회한다. 하루코는 부당한 처우에 항의하며 일본 우익조
직과의 연계를 부인한다. 엔터프라이즈와 호넷이 소속된 미국
제16기동함대 사령관이던 미 해군의 맹장인 할지 제독은 피부
병에 걸려 입원하고, 대신 순양함 함대 지휘관 출신의 스프루
언스 제독이 대타로 투입되어 5월 28일에 출항한다. 플레처
제독이 이끄는 제17기동함대의 주력함 요크타운은 3개의 보
일러를 수리하는 바람에 이틀 늦은 5월 30일에 출항하게 되는
데 톰 가르스 소위가 바로 이 요크타운의 VF-8 전투비행대대
에 배속받는다.

아버지 매트 가르스 대령은 아들의 애인을 구하기 위해 해군 정보부의 동기를 찾아가 하루코의 구명을 위한 사건 재조사를 부탁하고, 자신도 요크타운에 승선하여 출항한다.

인플루엔자에 걸렸던 항공참모 겐다 미노루가 회복 후 합류하지만, 일본군의 진주만 정찰작전은 연료 문제로 취소되어 그들은 아직도 미 함대가 진주만에 있는 걸로 착각한다. 미군의 정찰기들은 미드웨이로 향하는 일본 함대를 발견하지만 1942년 6월 4일 일본 함대는 미드웨이 섬을 향해 공격편대를 발진시킨다. 미드웨이의 미군은 6대의 F4F 와일드 캣 전투기와 15대의 버팔로를 출격시키지만 모두 격추당하고, 비행장을 제외한 섬의 기지 시설은 일본군의 공습으로 초토화된다. 아직도 미 함대를 발견하지 못한 일본 해군은 미 함대가 오지 않을 걸로 지레짐작하고 항공모함 함상에 어뢰를 달고 대기 중이던 제2차 공격대의 전투기와 공격기들의 무장을 미드웨이의 재차공격을 위해 폭탄으로 바꿔 다는데, 나중에 자세히 설명하게 되겠지만 일본은 훗날 이 결정을 두고두고 후회하게 된다.

미드웨이 섬에서 출격한 여러 미군 항공기들이 일본 항공모함 히류, 소류를 공격하지만 쉽게 격퇴당한다. 그러나 사출기 문제로 다른 정찰기들보다 30분 늦게 이함한 일본 순양함 도네의 함재정찰기가 미 함대를 발견한다. 심지어 산호해 해전에서 대파되었다고 믿었던 요크타운까지 등장한 데 놀란 일본 해군은 거의 다 완료되었던 무장 바꿔 달기 작업을 중지하고 다시 대함공격용 어뢰를 장착한다. 게다가 일본 해군의 제공용 제로전투기들의 연료는 거의 고갈되어 상공을 지키기에도 부족한 상태였다.

한편 호넷과 엔터프라이즈에서는 자체 방어를 위한 소수의 전투기만을 남기고 일본 함대를 향해 모든 항공기들을 출격시킨다. 하지만 일본 함대가 미군의 공격을 대비해 항로를 남에서 북으로 바꾸는 바람에 대부분의 미군 전투기들은 일본 함대를 발견해 내지 못한데다, 너무 서둘러 출격했기 때문에 조직적인 편대 구성도 깨진 상태였다. 워드론 소령이 이끄는 VT-8 비행대대의 TBD 디베스테이터 폭격기 15대는 호위전투기 편대를 잃어버린 채 비행하다가 일본 함대를 우연히 발견, 공격을 가하지만 일본 제로전투기의 공격으로 모두 격추당하고, 해상에 비상탈출한 조지 게이 소위를 제외한 전원이 몰살당한다.

이어서 VT-6, VT-3 소속 TBD들이 일본 함대를 발견하고 공격을 가하지만 단 한 발의 어뢰도 명중시키지 못한 채 모두 격추당하고 만다. 이 과정에서 톰 가르스 소위는 부상을 당한다.

한편 VB-6, VS-6 비행대대의 SBD 급강하 폭격기들은 일본함대를 찾지 못하자 항로를 북으로 바꾸는데, 이 결정 덕분에 그들은 일본 항공모함을 발견하게 된다. 무장 바꾸기 작업으로 인해 함상에는 폭탄이 여기저기 널려 있었고, 뇌격기와의 전투로 제로 전투기들이 수면 가까이 내려와 있던 가가, 아카기, 소류는 미군 폭격기들의 폭탄을 얻어맞고 차례로 불덩어리로 화한다. 아카기에 탑승했던 나구모 제독은 지휘소를 순양함 나가라로 옮기고, 아카기를 포기한다. 요크타운에 귀환한 전투기 부대에서 매트 대령은 부상당한 아들을 목격한다.

살아남은 한 척의 일본 항공모함 히류는 이 참극을 목격하고, 즉각 공격편대를 발진시켜 미군 전투기들을 추격해 요크타운을 공격한다. 3발의 폭탄을 급소에 얻어맞은 요크타운은 간신히 침몰은 면했으나 전투 불능 상태가 되었고, 프레처 제독도 배를 떠나 피신한다. 히류에서는 제2차 공격대가 출격하여 요크타운을 발견, 공격을 가한다. 이 공격으로 요크타운에는 퇴함 명령이 내려진다. 일본군은 어이없게도 자신들이 두 척의 미군 항공모함을 전투 불능 상태로 만든 걸로 착각하고, 함재기가 몇 남지 않은 상태에서도 최종 공격을 준비한다.

그러나 요크타운에서 피신한 전투기들을 포함한 미군의 공격편대가 엔터프라이즈와 호넷에서 출격해 히류를 덮쳐 침몰시킨다. 매트 가르스 대령도 직접 조종간을 잡고 이 편대에 참가했다. 매트 대령은 히류에 명중탄을 날리지만 자신의 비행기에도 적의 대공포화로 큰 피해를 입고, 귀환하는 길에 착함 사고를 일으켜 산화하고 만다.

일본 해군은 그 동안 그들에게 승리를 안겨 주었던 4척의 최신예 항공모함과 275기의 함재기, 그리고 돈 주고도 살 수 없는 다수의 숙련된 베테랑 파일럿들을 모두 잃었고, 야마모

좌 – 미드웨이 전투에서 미군의 승리를 이끌어 낸 미 해군 스프루언스 제독
우 – 미드웨이 해전 당시 미군의 주력기인 와일드캣(상)과 돈트레스(하)

토 제독은 침통한 표정으로 철수를 명령한다. 진주만으로 귀환한 미 함대에서 하루코는 부상당한 톰을 보고 충격을 받고, '과연 우리가 일본보다 나았던 것일까? 아니면 그저 행운이 따라 주었던 것일까?'를 자문하는 미군 제독들, 그리고 이 전투에서의 미군 장병들의 노고를 치하하는 영국 수상 윈스턴 처칠의 치사를 마지막으로 영화는 끝난다.

거창한 카피, 부실한 고증, 충실한 각색

이 영화는 미국 건국 200주년을 기념하여 만들어졌다는 거창한 타이틀과는 달리, 실제로 보면 허술한 부분이 도처에 보인다. 그 좋은 예로 대부분의 전투 장면이 지상의 세트촬영에다가 다른 영화 필름(특히 「도라! 도라! 도라!」에 쓰였던)과 실전 기록 필름을 적당히 합성하여 만들어진 탓에 비행 중인 전투기가 엉뚱한 기종으로 '변신'하는 것은 물론이고, 고증에 안 맞는 부분(심지어는 당시 있지도 않았던 F4U 콜세어 전투기도 나온다)이 많이 나오는데다가, 「도라! 도라! 도라!」와는 달리 일본인 배우들이 일본어는 한마디도 없이 영어로만 대화를 진행하는 등(입 모양과 대사가 정확히 일치하는 걸로 봐서는 더빙이 아니라, 네이티브 스피커들인 재미교포2세들을 캐스팅한 것으로 보인다) 역사적 고증을 깐깐히 따지는 밀리터리 마니아들이 보면 좀 짜증을 낼 만도 한 영화이다. 영화 속에 등장하는 미국과 일본의 항공모함들도 대부분 실물이 아니라 1970년대 당시 구할 수 있던 에섹스급, 포레스탈급 항모를 빌린 것이다.

그러나 역시 이 영화의 장점이라면 태평양전쟁의 미일의 우위를 뒤집어 놓은 대사건인 '미드웨이 해전'에 대해 별도의 설명 없이도 초보자도 쉽게 이해할 수 있게, 또한 실제 역사에 매우 충실하게 극화했다는 점을 들 수 있을 것이고, 덕분에 이 영화를 본 후에 사료를 찾아본다면 이 대사건에 대한 이해가 더욱 빨라질 것이라고 생각한다. 이 영화 중에 주인공인 가르스 부자, 그리고 사쿠라 하루코에 관련된 부분을 빼고는 영화적 허구는 전혀 없다.

적성주민 강제이주 정책

이 영화를 보면 주인공 사쿠라 하루코 일가가 강제수용소에 수감되어 있는 장면이 나온다. 이것은 미국 역사상의 수치로 남아 있는 제2차세계대전 중 '적성주민 강제이주 정책'에 의한 것이다.

1941년 진주만 공습 후 미국 정부는 '파괴 활동을 막기 위한 것'이라는 명분으로 미주 거주 일본인들을 1941년부터 1946년까지 미국 각지에 산재한 강제수용소에 강제이주, 구금시켰다. 독일계와 이탈리아계 이민자들에 비하면 이들이 당한 처우는 너무나도 불공평하고 인종차별적인 것이었으나 이 조치에 대해 미국 대통령이 사과한 것은 1976년, 의회 조사위원회에 의해 군사적 필요성이 없는 인종주의적 조치로 결론이 난 것은 1983년이 되어서였다.

미드웨이의 패인과 그 파장

미드웨이 전투는 앞서도 말했듯이 그 이전까지 압도적인 우위를 가지고 있던 일본 해군의 주력 항공모함들이 모두 격침당함으로써 태평양전쟁에서의 미일 간의 우위가 뒤집어진 분수령적인 사건이었다.

그렇다면 그 이전까지 승승장구하던 일본 해군은 왜 미드웨이 해전에서 대패한 것일까? 공중전에서 64대의 연합군기를 격추하였으며, 전후 자서전 『대공의 사무라이』로 베스트셀러 작가가 된 일본 해군의 전설적 에이스 파일럿인 사카이 사부로 중위는 일본의 패인에 대해 이렇게 말하고 있다.

"우선 함재기의 무장을 어뢰로 할 것인지 일반 폭탄으로 할 것인지에 관한 명령이 불필요하게 번복된 데 대한 의문을 지울 수 없다. 현대전의 생명은 속도다. 폭탄이라도 항공모함의 갑판 위에 떨어뜨리기만 하면 되는 것이다. 배가 침몰되지 않아도 함재기를 사용할 수 없으면 항공모함의 전력은 제로가 된다. 또 1차 공격대를 착함시키고 2차 공격대를 발함시킬 때에 상공을 경계하거나 맞공격을 시도할 수 있는 전투기를 띄우지 않은 점도 이해할 수 없다. 또한 일본 해군은 대개 정찰을 경시하고 있었다. 투입한 항공모함의 수는 미군보다 많지만, 정찰기 전력은 미군의 절반밖에 되지 않았다. 게다가 해군 지휘부는 1개월 전에 거둔 산호해 해전의 전과를 과대평가해서 적 기동함대가 나타날 리가 없다는 희망적인 관측을 가지고 있었다. 그래서 순양함 도네의 정찰기의 보고가 전대 사령부에 보고되기까지 누구에겐가 소홀히 다루어져, 한 시간이나 걸려서 대본영, 연합함대를 경유해 전대 사령부에 전달되었다.

　　이러한 일련의 실패는 항공 참모인 겐다 미노루의 잘못된 판단에 의한 것이었다. 그리고 그를 전폭적으로 신뢰한 야마모토 사령관의 책임 또한 크다고 할 수 있다.

　　야마모토 사령관은 미드웨이 전투 때 연합함대 주력부대의 전함 야마토의 함교에 있었다. 그리고 그 주력부대는 나구모 기동부대의 후방 300마일, 그러니까 전투가 시작되어 주력부대를 투입하려고 해도 10시간이 넘게 걸리는 거리에 있었던 것이다. 현대전에서 가장 중요한 시간의 개념을 무시한 전근대적인 배치가 아닐 수 없다."

간단히 말해 미드웨이 해전은 속도와 정보가 중요시되는 현대전의 특징을 아직 잘 몰랐던 일본군의 한계를 적나라하게 드러낸 전투였고, 여기에 연합군에 비해 상대적으로 부족하던 공업력과 기술력, 그리고 '근성'만 있으면 다른 것은 일절 필요 없다는 일본군 특유의 오도된 정신주의까지 겹쳐 일본군은 미드웨이 이후 단 한 번도 연합군에게 제대로 이기지 못하고 패망의 길을 걷게 된다.

미드웨이 해전에서의 패배로 충격을 받은 일본군은 미드웨이 생존 파일럿들을 막사 내에 연금시켜 버릴 정도로 이 사실을 극비에 부쳤고, 대부분의 일본 국민들은 종전 때까지 이 전투의 정황에 대해 정확히 알지 못했다.

한때 태평양과 인도양을 석권했던 일본 해군 항공대의 위용은 이 전투를 마지막으로 빛이 바래기 시작했다. 그들은 과달카날의 치열한 소모전을 거치면서 숙련 전투원의 대부분을 상실했고, 1944년 미군에게 '마리아나의 칠면조 사냥'이라고 불릴 정도로 형편없는 마리아나 군도에서의 졸전을 끝으로, 두 번 다시 숙적 미 해군 항공대에 맞서지 못한 채 일본의 패전과 함께 역사 속으로 사라져 갔다.

「과달카날 다이어리」, 태평양 지상전의 분수령

제작사 : 20세기폭스사(1943년)
감독 : 루이스 세일러
주연 : 프레스턴 포스터(도넬리 신부 역)
　　　 로이드 놀란(후크 말론 중사 역)
　　　 윌리엄 벤딕스
　　　 (알로이시우스 '택시' 포츠 상병 역)
　　　 리차드 콘테(돈 데이비스 대위 역)
　　　 안소니 퀸(지저스 '수즈' 알바레즈 이병 역)
　　　 리차드 잭클(자니 '치킨' 앤더슨 이병 역)
　　　 로이 로버츠(제임스 크로스 대위 역)
　　　 마이너 와트슨(월레스 E. 그레이슨 대령 역)
　　　 랠프 버드(네드 로우만 역)
　　　 라이오닐 스탠더(부치 병장 역)
　　　 니드 하들리(종군기자/내레이터 역)
상영시간 : 100분

과달카날 전투의 배경

미드웨이에서의 승리와 함께 미국의 전력도 일본을 앞서기 시작했다. 제1해병사단을 포함한 대규모 미국 함대들이 태평양에서 공세에 돌입할 준비를 갖추었다. 그러나 미군은 아직 방어전투만을 하고 있었고, 일본군을 멈추게 하려면 그 이상의 것이 필요했다. 특히 포트 모레스비를 확보하여 오스트레일리아 북부 해안에 대한 일본군의 공격을 막을 필요가 있었다. 1942년 5월의 산호해 전투는 오스트레일리아 북부 도시들을 폭격하려던 일본군의 계획을 일시적으로 지연시켰다. 일본군은 포트 모레스비를 다시 공격하기 위해 솔로몬 군도로 향했다. 영국령 솔로몬 군도의 수도인 투라기는 1942년 5월에 일본군에게 점령되었다. 대부분의 방어군이 퇴각한 이후에 일본 해군의 제3쿠레 특별 상륙군(일본의 해병대)의 노무자들을 데리고 아주 적은 저항만을 받으면서 상륙에 성공하였다. 일본군은 즉시 투라기에 비행정 기지를 건설하고 시라크 해협을 건너 과달카날 섬의 정글 속으로 수색대를 보냈다. 그들의 정찰은 6월에 끝났으며 7월부터 룽가 비행장 공사가 시작되었다.

일본군의 행동은 오스트레일리아 해안경비대에 포착되었다. 해안경비대 지휘관인 에릭 펠트의 용감한 부하들은 위험을 무릅쓰고 일본군의 행동을 정찰했으며 무전을 통해 적진에서 나오는 정보를 전송하였다. 한 해안경비대원은 일본군 3,000명이 과달카날에 비행장을 짓고 있다고 보고했다. 이외

핸더슨 비행장. 과달카널 전투의 주원인이 되었다.

에도 다른 정보들을 접한 연합군 전략가들은 이곳의 일본 비행장을 없애기 위한 결정적인 공격이 필요하다고 판단하였다. 과달카널의 일본군 비행장이 완성되면 연합군의 보급로는 물론이요 오스트레일리아가 점령당할 위협마저 있으므로 과달카널은 어떠한 희생을 치르고서라도 비행장 완공 전에 점령해야 했다. 과달카널 공격작전은 제2차세계대전에서의 미국의 첫 번째 상륙작전이며 첫 번째 공격작전이 될 것이었다.

그리하여 1942년 8월 7일, 뉴질랜드의 주둔지를 출발한 알렉산더 A. 밴더크리프트 소장이 이끄는 미 해병대 제1사단(병력 19,000명)은 과달카널에 기습 상륙하게 된다. 그 후로 거의 반년 동안 이 곳의 주도권을 놓고 일본과 미국 사이의 치열한 소모전이 벌어지게 되며, 태평양 지상전의 분수령을 이룬 이 전투는 훗날 '과달카널 전투'라고 불리게 된다.

「과달카날 다이어리」

독자 여러분들 중에도 팬이 많을 법한 명배우 안소니 퀸이 호연한 이 영화는, 과달카날 전투가 끝난 직후인, 1943년이라는 제작년도에서도 짐작할 수 있듯이 '미국판 배달의 기수' 성격이 강한 영화다. 과달카날 전투의 승리에 고무된 미국 군부가 대국민 사기 진작용으로 촬영에 적극 협조한 느낌이 짙다.

하지만 덕분에 영화의 고증은 그야말로 최고 수준이며, 이 당시 전쟁영화들의 특징인 '실제 전투장면 기록필름 끼워 넣기'도 언뜻 봐서는 이질감이 느껴지지 않도록 매우 잘 처리되어 있다.

이 영화의 원작은 미국 종군 기자 리차드 트레가스키스가 자신의 전투 경험을 토대로 쓴 동명의 논픽션으로서, 그는 과달카날 전투 현장에 파견되었던 두 명의 종군 기자 중 한 사람이었다. 그는 해병대원들과 함께 전투 기간 동안 생활하고, 일본군의 맹공격을 무릅쓰면서 이 논픽션을 완성했다. 이 영화에 종군기자 겸 내레이터로 나오는 니드 하들리는 바로 지은이 자신의 모습이 투영된 캐릭터라고 할 수 있다. 전쟁의 참혹성에 대한 묘사는 책이 영화보다 한결 나을 것 같다.

참고로, 한국에는 이 영화가 '안소니 퀸의 솔로몬 해전'이라는 당치도 않은(?) 제목이 붙은 DVD로 나와 있다.

미국판 '배달의 기수'

이 당시의 미국 전쟁영화들이 흔히 그렇듯이 군가의 우렁찬 연주(여기서는 해병대 찬가)와 함께 영화는 시작된다.

1942년 7월 26일 일요일, 카메라는 수송선을 타고 어디인지 모를 곳을 향하고 있는 미 해병대 제1사단 병사들의 모습을 비추고 있다. 행선지를 알지 못하지만 병사들의 사기는 최고 수준이고 하루빨리 일본군과 싸우기를 고대하고 있다. 그때 그들을 태운 수송선단은 아군 기동함대와 조우한다.

보트를 타고 수송선에 온 해군 장교에 의해 그들의 목적지가 과달카날 섬이라는 것이 밝혀진다. 사기 높은 병사들은 사령관의 서신을 읽고도 마냥 비아냥거린다.

드디어 상륙일인 1942년 8월 7일, 하선망을 타고 상륙정으로 옮겨 탄 제1해병사단 본진 대원들은 과달카날 해안에 무혈 상륙한다. 투라기에서는 격전이 일어났다지만 대부분의 해병들에게는 남의 이야기일 뿐이고, 이 작전의 원인을 제공한 일본군의 룽가 비행장까지 일본군의 그림자도 보지 못한 채 돌격해 들어간 해병대원들은, 일본군이 채 완공도 시키지 못한 채 급히 도망친 텅 빈 비행장에 성조기를 게양하고, 일본군이 미처 가져가지 못하고 내버리고 간 엄청난 일본제 물자를 보며 환호성을 지른다.

그러나 한 대원이 비행장에서 일본군의 저격으로 전사한다. 일본군은 화력이 우세한 미군과의 정면대결 대신 게릴라 전술을 선택한 것이었다.

매일 아침 처참하게 살해된 미군 시신이 발견되고, 죄여 오는 공포감 속에서도 미군은 일본군이 버리고 간 물자를 사용해 비행장을 완공한다. 비행장에는 해병대의 전쟁영웅 이름을 따 '핸더슨 비행장'이라는 이름이 붙는다.

8월 13일, 일본군이 공중투하한 선전용 전단지가 발견되지만 아직 의기양양한 해병들은 여기에도 비아냥거릴 뿐이었다.

저녁에 그들은 일본군 포로의 말을 듣고 수색대를 조직, 마트니카 마을에서 보급이 끊긴 일본군을 생포하러 간다. 그러나 가는 길에 일본군 잠수함의 공격으로 보트 1척을 격침당하고 만다. 마트니카 마을에 도착하자 보급이 끊어졌다던 일본군은 예상과는 달리 치열한 반격을 가해 오고, 다음날 아침이 되자 수즈 이병을 제외한 수색대의 전원이 사살당한다. 수즈 이병은 총과 헬멧을 버리고 바다로 뛰어들어 도망치고, 뒤를 돌아다보니 일본군들은 전사한 전우들의 시신을 마구 난도질하고 있었다.

해병대는 마트니카 마을로 복수를 위해 진격하고, 전우들의 원수를 갚는다. 전투로 인해 해병들은 피폐해지고 그런 그들에게 일본군은 항공기와 군함을 동원해 매일같이 불벼락을 퍼붓는다. 10월, 증원군으로 육군 병력이 오지만 일본군의 공격은 계속된다. 폭탄이 마구 떨어지는 방공호 속에서 처음의 우쭐했던 해병들의 모습은 온데간데없고, 목숨을 구하기 위해 절대자에게 의지하는 모습마저 보인다.

무수한 전사자 묘비 앞에서 침울해하던 해병들은 상공에 나타난 비행기를 보고 처음에는 일본기인 줄 알지만, 그들은 미군기였다. 드디어 미군의 본격적인 반격이 시작된 것이었다. 보급 사정도 좋아져 뜨거운 음식도 나오고, 전투를 하고 싶어 안달하는 새로운 해병대 보충병들도 투입된다.

드디어 11월 10일, 해병대의 167번째 창설기념일에 탱크와 중포까지 동원해 이곳의 잔여 일본군을 쓸어버리려는 미군의 대대적인 반격이 시작되고, 해병들은 바다로 도망치는 일본군을 마구 사살한다.

1942년 12월 10일, 미 해병대 제1사단은 과달카날에서의 임무를 모두 마치고, 육군에 임무를 인계하고 호주로 철수, 재정비와 휴식에 들어간다. 한 해병이 부상자들 앞에서 할지 제독의 치사를 읽어 주지만 이제 전투를 겪어 본 해병들은 아무도 비아냥거리지 않는다. 시작할 때와 마찬가지로 우렁찬 '해병대 찬가' 연주 속에 영화는 끝이 난다.

실제 과달카날 전투의 추이

이 영화는 나름대로는 과달카날 전투에 대해 비교적 정확히 묘사한 편이지만, 아무래도 기자 개인의 체험을 담은 책에 근거하다 보니 과달카날 전투의 전반적인 부분에 대해서는 좀 소홀한 편이므로, 과달카날 전투의 전반적인 추이에 대해 영화와 역사를 오가며 알아 두는 것도 좋은 공부가 될 것이다.

과달카날 공격 작전인 파수대 작전에 동원된 공격부대는 24척의 수송선에 분승한 19,000명의 해병대원들과 그들을 호위하는 54척의 전함, 항공모함 3척으로 이루어져 있었다.

제2해병여단 소속 1개 중대가 1942년 8월 7일 오전 7시 40분에 과달카날 북부의 투라기 섬 뒤의 플로리다 섬에 걸어서 상륙했다. 몇 분 후에 가부투 섬 근처와 과달카날에도 해병대가 상륙했다. 상륙은 완벽했고 예상했던 일본군의 신속한 반격은 없었다. 오전 8시, 제1해병 레이더스(기습특공) 대대가 아무런 반격이 없는 투라기를 공격했다. 그들의 상륙정이 미발견된 암초에 걸렸지만 다행히도 해안까지 30-100야드 정도 거리여서 별 문제는 없었다. 투라기에 주둔한 일본군 병력은 처음에는 8,000명으로 추산되었지만 실제로는 불과 500명의 병력으로 재편되어 섬을 지키고 있었다. 제1해병 레이더스 대대와 새로 투입된 제2해병 레이더스 대대는 밤새도록 일본군의 기습공격을 맞아 싸웠다. 8월 8일 오후, 투라기는 해병대에 점령되었다. 영화에서도 언급된 투라기에서의 혈전은 바로 이 싸움을 지칭하는 것이다. 8월 7일 오전 9시 10분에 과달카날에 상륙한 해병대원들은 파도를 헤치며 걸어 나아가 해안에 도착했다. 여기에서도 상륙전에 순양함과 구축함의 지원사격이 일본군들을 공포로 몰아넣었다. 해병대원들이 해안에서 정글로 진입할 때까지도 일본군은 보이지 않았다. 적의 저항이 없자 해병들은 밤사이에 보급품을 무사히 수령받는 데 정신을 팔았다. 최초의 24시간 동안에 11,145명의 해병대원들이 과달카날 해안에 상륙했으며 근처의 투라기와 가부투, 타남보고에도 6,805명이 더 상륙했다. 일본군들이 자신들이 미군의 총공격을 받고 있다는 것을 알아채자마자 과달카날에서 북서방향 600마일 떨어진 일본군 사령부에서는 즉시 미국 상륙군에 대한 총공격을 명령했다. 룽가 비행장의 일본군들은 미군의 상륙 사실을 뒤늦게 알아채고 철수했다. 이제 과달카날의 평화는 끝났다.

8월 8일부터 9일 사이에 벌어진 야간해전인 사보섬 전투는 일본 순양함과 구축함들의 승리로 끝났다. 미국 순양함 3척과 오스트레일리아 순양함 1척이 격침당했다. 다른 미국 군함들도 부서지거나 항해 불능 상태가 되었고 미국 항모부대는 더 강한 일본의 공격을 우려하여 해안에 해병들을 내버려두고 도망쳤다. 이 때문에 미 해병대는 한동안 보급 부족으로 고통당하게 된다. 일본 군함들은 적은 피해를 입고 과달카날의 상륙정들이 떠나기 전에 퇴각하였다. 영화에는 제대로 나오지 않지만 8월 20일, 이치키 기요노 대령이 이끄는 900명의 일본군이 후속부대를 기다리라는 사령부의 명령을 무시하고 미 해병대에 정면공격을 가하다 전멸한 것을 시작으로, 실제로는 매우 치열한 지상전이 전개되었다. 그러나 일본군의 무모한 돌격전술과 만성적인 보급 부족 탓에 큰 승리는 거두지 못하였다.

1942년 10월에 미 육군 아메리칼 사단은 과달카날에 상륙하여 지치고 피투성이가 된 해병대를 지원하였다. 일본도 비슷한 시기에 과달카날에 병력을 대거 증강시켜, 23,000명의 미 해병과 육군이 일본군 2만 명과 대치하고 있었다. 미군의 상륙작전이 완벽히 성공하여 일본군들은 놀랐다. 그러나 일본군은 과달카날을 전투도 없이 포기하려고 하지는 않았다. 그들은 11월에 미군 배후로 역상륙작전까지 전개하기도 했다. 그들은 어두운 밤을 틈타 솔로몬 군도의 섬과 섬 사이로 물자를 나르는 이른바 도쿄 특급이라고 불리는 보급작전도 실행하였다. 이는 미군이 점령한 과달카날 지역을 심각히 위협했다. 이 섬에서 4개월간 벌어진 6개의 해전에서 미 해군은 항공모함 2척과 전함 수척을 상실했다. 그러나 미군은 그럼에도 불구하고 일본군의 역상륙작전을 저지하여 결국 과달카날의 제해권과 제공권을 잡는 데 성공했고, 이로 인해 충분한 보급을 받지 못한 일본군의 전력은 급속도로 저하되었다. 미 해병대 제1사단도 부대원 중 30%이상이 전사, 혹은 부상당하는 대피해를 입고, 12월에 오스트레일리아로 철수했다. 그리고 후속 부대로 1개 해병사단과 2개 육군사단이 과달카날에 들어와 잔여 일본군 소탕전을 계속한다.

1942년 12월 일본의 군사지도자들이 과달카날 상실을 실감하고 있을 때 히로히토 천황은 철수 허가를 내렸다. 일본군은 잔여 병력의 대규모 철수작전을 1943년 2월 1~2일에 시작하여 2월 8일에 성공리에 끝냈다. 교묘하게 포진한 전함과 구축함들의 호위를 받으며 그들은 철수에 성공했다. 과달카날에 파견된 일본군은 34,000명이었지만, 그중 살아서 철수한 인원은 12,000여 명도 안 되었고, 그나마 대부분이 이질과 영양실

조에 걸려 있었다.

과달카날 전투의 여파

　과달카날 전투는 미군이 무적 불패의 일본군과 싸워 이긴 첫 번째 대규모 지상전이었다. 일본은 이 패배로 인해 기절초풍했다. 그들은 자신들의 무적신화에도 불구하고 해상에서는 미드웨이 전투, 육상에서는 과달카날 전투에서 패배하고 만 것이었다. 그러나 과달카날은 양편 모두에 큰 타격을 입혔다. 25,000명의 일본군이 과달카날에서 전사했으며 그중 9,000명은 병과 기아로 죽은 것이었다. 미군은 1,592명이 전사하고 4,800명이 부상당했다. 풍토병으로 죽은 사람도 많았으며 솔로몬 전투에서 격침된 항공모함 2척, 순양함 7척, 구축함 14척에서 수백 명의 미군 장병이 전사했으며, 오스트레일리아 구축함 1척도 격침당했다. 수많은 일본 군함이 격침당했고 수천 명의 일본 수병들이 솔로몬 해역에서 전사했다. 과달카날

'고기 써는 기계'라는 비정한 별명이 붙을 정도로 처절한 과달카날의 격전 끝에 수많은 미군과 일본군이 스러져 갔다.

을 시작으로 일본 본토로 향하는 연합군의 진격에 본격적인 가속이 붙었고, 이 전투 이후 일본은 지상전에서도 한 번도 이기지 못한 채 패배만을 거듭하게 된다. 그러나 영화의 라스트 신에서도 나왔듯이 그 진격의 첫걸음이 떨어졌을 때 일본 본토는 아직도 3,200마일 이상이나 떨어져 있었다.

「유황도의 모래」, 가부장주의와 거짓 신화가 뒤섞인 미국식 배달의 기수

제작 : 리퍼블릭 스튜디오(1950)
감독 : 알란 드완
출연 : 존 웨인(존 M. 스트라이커 병장 역)
　　　존 에이거(피터 콘웨이 일병 역)
　　　에이들 마라(앨리슨 브롬리 역)
　　　월리 캐슬(베니 라가지 일병 역)
　　　제임스 브라운(찰리 베스 일병 역)
　　　아더 프란츠(로버트 던 상병 역)
그밖에 르네 A. 개논, 아이라 H. 헤이즈, 존 H. 브래들리, 해럴드 G. 슈라이어 등의 이오지마 참전용사들이 자신의 역할로 카메오 출연

과달카날 전투 이후의 태평양전쟁사

1943년 2월 과달카날에서의 패전 이후로 일본군은 연합군에게 단 한번도 이겨 보지 못하고 종전의 그날까지 패배만을 거듭했다는 것은 앞서 설명한 바와 같다.

광대한 태평양 상에 있는 여러 섬들을 막강한 화력과 인력으로 차례로 점령하며, 일본 본토를 향해 마치 개구리처럼 약진하는 연합군을 막기 위해 일본군은 옥쇄(와전옥쇄 瓦轉玉碎 : 기왓장처럼 굴러다니느니 옥처럼 부서지겠다는 격언의 약자) 전법을 택한다. 문자 그대로 최후의 한 명까지 항복하지 않고 끝까지 싸우다 죽겠다는 것이었다.

그들은 버마와 뉴기니아를 잇는 선을 절대 방어선으로 설정하지만, 연합군의 선두에 선 미 해병대와 육군은 문자 그대로 양 발바닥과 개인화기만을 의지하고, 파도를 헤치며 섬에 상륙해 희생을 무릅쓰고 일본군을 차례로 격파해 나간다.

영화 「유황도의 모래」는 그러한 태평양 도서상륙전에 투입된 미 해병대의 실화를 바탕으로, 픽션이 적당히 첨가된 전형적인 미국식 '배달의 기수' 영화이다.

유황도의 검은 모래

영화는 웅장한 해병대 찬가 연주와 함께 시작된다. 영화의 시점은 로버트 던(아더 프란츠 분)이라는 어느 미 해병대원이,

자신이 속한 소총분대의 이야기를 풀어나가는 식이다.

과달카날 전투가 끝난 직후, 던 상병의 분대에 새로운 보충병들이 도착한다. 분대장 스트라이커 병장(존 웨인 분)은 언제 있을지 모를 다음 전투에 대비해 분대원들을 매우 강하게 훈련시킨다. 심지어는 총검술을 제대로 못하는 초인스키라는 병사의 얼굴을 개머리판으로 두들겨 패는 폭행까지 가할 정도다. 이러한 엄격함 때문에 그는 분대원들로부터 원성의 대상이 되고, 특히 태평양에서 전사한 스트라이커의 전우였던 아버지 샘 콘웨이 해병 대령 때문에 마지못해 해병대에 온 피터 콘웨이 일병(존 에이거 분)은 스트라이커를 아주 싫어한다. 그러나 스트라이커의 그러한 엄격함 속에는 이혼으로 인해 아들과 생이별을 한 아픔이 숨어 있었다.

콘웨이는 술집에서 만난 위안부 앨리슨(에이들 마라 분)과 사랑에 빠져 상륙작전 불과 이틀 전에 결혼식을 올린다. 그리고 나서 그들이 간 곳은 바로 태평양전쟁 사상 최악의 전쟁터 중 하나였던 타라와 섬이었다.

해병들은 LVT(Landing Vehicle, Tracked : 수륙양용장갑차)에서 내리자마자 일본군의 살인적인 포화로 줄줄이 쓰러진다. 소대의 최선두를 맡게 된 스트라이커의 분대는 야간에 보초근무를 서던 도중 아군 부상병의 신음 소리를 듣게 되지만 스트라이커는 명령에 따라 이를 무시하고, 콘웨이는 부상병을 구하자고 고집을 피우다가 스트라이커와 충돌을 빚는다.

타라와는 3일 후 엄청난 희생을 치른 끝에 미군에 점령되었고, 해병들은 호놀룰루로 후퇴하여 재보급과 재훈련을 행한다. 스트라이커는 훈련 중 수류탄 교장에서 훈련병이 잘못 던진 수류탄으로부터 콘웨이를 구해 주고 부상을 입는다.

재보급과 재훈련을 완료한 해병대는 다시 어딘지 모를 곳으로 향한다. 그곳은 타라와보다 더욱 끔찍한 전쟁터로 후세에 기록된 이오지마 섬이었다.

타라와를 능가하는 적의 살인적인 포화로 떼 지어 쓰러지는 해병대는 화염방사전차를 앞세워 일본군의 벙커를 하나씩 소탕해 나간다. 콘웨이는 앨리슨과의 사이에 새로 태어난 자신의 아들의 이름을, 자기 아버지의 이름을 따 샘이라고 짓는다.

소대장 슈라이어 중위는 스트라이커를 비롯한 휘하 해병들에게 수리바치 산 등정을 명령하고, 해병들은 엄청난 사격과 일본군의 기습에 사상자를 내가며 산을 오른다. 정상에 거의 도달한 후 스트라이커는 부하 해병들에게 정상에 국기를 게양하라고 하지만 그는 담배를 피우다가 일본군에게 저격당해 최후를 맞는다.

스트라이커의 유품 속에서 아들에게 보내려다 완성 못한 편지를 발견한 분대원들은 편지를 읽으며 숙연해지고, 콘웨이는 자신이 편지의 나머지 부분을 완성해서 보내겠다고 자청한다. 이때 해병대에 의해 수리바치 산 정상에 성조기가 게양되고, 스트라이커의 소총을 들고 연막 속으로 진격하는 해병들, 그리고 해병대 찬가의 웅장한 연주와 함께 영화는 끝난다.

좌 – 동쪽하늘에서 본 이오지마
우 – 이오지마 전투 장면

타라와에서 이오지마까지

영화 속에 나온 타라와 전투와 이오지마 전투는 모두 실제로 있었던 전투이며, 또한 미군이 가장 처절한 피해를 입었던 전투이기도 하다. 미 해군은 이 두 전투의 이름을 자신들의 상륙함에 붙이고 있을 정도다.

1943년 11월 미군은 '갈바닉(충격)'이라는 암호명으로 길버트 제도의 타라와, 마킨 두 섬에 기습 상륙을 감행했다. 타라와 섬에는 미국 제2해병사단, 마킨 섬에는 육군 제27보병사단이 상륙했다. 마킨 섬은 간단히 미군에 점령되었지만 타라와는 쉽지 않았다.

타라와에 주둔한 일본군은 일본군에서도 최정예로 손꼽히는 일본해군 특별육전대(일본판 해병대) 2,619명을 포함한 해군 4,836명이었다. 게다가 달의 인력마저 극히 약해져서, 상륙작전 당일이던 11월 20일에는 조수간만의 차이가 불과 수 인치에 불과했다. 해병대의 상륙주정들은 해안에서 수백 미터나 떨어진 암초에 걸려 좌초되었고, 수많은 해병대원들이 상륙주정에서 뛰어내려 가슴까지 오는 물 속에서 해안을 향해 첨벙거리다가 일본군의 십자포화에 맞아 죽거나 익사했다. 영화는 여기에 비하면 상당히 완화되어 묘사된 편이다.

전투 후 3일이 지나 타라와는 결국 미 해병대에 점령되었지만 양군의 피해는 막심했다. 미 해병대의 인명피해는 전사 900여 명을 포함해 총 4,400명에 이르렀다. 일본 해군은 생존자 17명과 한국인 징용 노동자 128명을 제외한 전원이 몰살당했다. 일본군은 여기서부터 옥쇄 전법을 사용하기 시작한 것이었다.

길버트 제도 평정 후 연합군은 마샬 군도 역시 평정하고, 1944년 6월 마리아나 군도로 향한다. 마리아나 군도는 필리핀과 중국으로 가는 요충지일 뿐 아니라, 이곳의 사이판, 티니안 등의 섬에서 B-29를 발진시키면 일본 본토 폭격도 가능했기 때문에 일본군과 연합군 모두에게 중요한 곳이었다.

6월 19일, 일본 해군은 최후로 남은 항모 기동부대 전력을 모두 긁어모아 마리아나 군도에서 미 해군과 항모 대 항모의 결전을 벌였으나, 2일간의 격전 끝에 400대가 넘는 항공기를 격추당하고 완전히 패배한다. 이것이 바로 앞에서 설명한 '마리아나의 칠면조 사냥'이었다.

한편 6월 15일, 미국 제2, 제4해병사단과 육군 제27보병사단이 사이판에 상륙한 것을 시작으로 마리아나 군도 지상전이 벌어져 7월 9일에는 사이판, 8월 1일에는 티니안, 8월 10일에는 괌이 미군의 수중에 떨어진다. 이들 섬을 지키고 있던 일본군은 절망적인 자살돌격 끝에 극소수의 생존자들만을 남기고 모두 전사했으며, 이 전투의 여파로 도조 히데키가 이끌던 일본 전시 내각은 총사퇴하고 만다.

9월 15일에는 필리핀 인근의 팔라우 군도에도 미국 제1해병사단이 상륙해 11월 25일에 점령했고, 10월 20일에는 미 제10, 24군단이 필리핀 레이테에, 1945년 1월 9일에는 미 제6군이 필리핀 루존에 상륙했다.

그리고 마리아나 군도와 도쿄 사이의 중간 지점에 있는 일본 본토 이오지마 섬도 상륙작전의 목표가 되었다. 일본군은 이오지마에 레이더 부대와 전투비행대를 주둔시켜 일본으로 접근하는 B-29 편대를 조기발견하고 요격했기 때문이다. 게다가 이 섬을 점령하면 이곳을 B-29를 위한 비상착륙장 및 호위전투기 기지로 쓸 수도 있었다.

드디어 1945년 2월 19일, 70여 일간의 준비폭격 끝에 제3, 4, 5해병사단을 주력으로 하는 미군 8만여 명이 이오지마에 상륙한다. 하지만 수개월에 걸쳐 이오지마 전체를 요새화하고 기다리고 있던 2만여 명의 일본군들은 쉽게 섬을 내주지 않았다. 2월 23일, 이 섬의 최고 고지인 수리바치 산이 점령되어 정상에 미 해병대의 성조기가 휘날렸지만 전투는 그 이후로도 한 달 동안이나 계속되었다. 역시 이곳에서도 일본군은 극소수의 생존자만을 남기고 모두가 전사했으며, 미 해병대도 전사 6,821명에 부상 20,865명이라는 엄청난 인명피해를 입는다. 일본군의 조직적 저항이 종결된 후에도 미군에 투항하지 않은 몇몇 인원들은 게릴라 전술로 미군을 괴롭혔으며 그들 중 마지막 사람들은 1949년에야 항복했다.

이오지마 전투가 한창이던 3월 4일 한 대의 B-29가 불시착한 것을 시작으로 전쟁이 끝날 때까지 총 2,251대의 B-29가 이오지마에 비상착륙해 승무원 24,761명의 목숨을 구했다. 미 해군의 니미츠 제독은 "특별한 용기는 당연한 미덕이다"라는 말로 이 전투에서 희생한 해병들의 무공을 찬미했고, 제2차세계대전 중 미 해병대가 수여받은 미국 최고 훈장인 '메달 오브 아너' 84개 중 27개가 이오지마 전투 참전 해병들에게 수여되었다.

복장과 장비

영화에 나오는 해병대원들의 복장은 전형적인 제2차세계대전의 미군보병의 것이다. 헬멧은 M-1 헬멧이고 전투복은 M-1941 해병대용 전투복에 각반을 차고 있다. 소총도 M-1 개런드 반자동 소총(8발 장전)으로 모두 바뀌어 있는데, 당시 독일, 일본, 이탈리아 등 적국 보병의 주력화기가 5연발 볼트액션 소총인 것에 비교해 보면 엄청난 화력을 가진 무기였다. 그 외에 지원화기로 BAR(Browning Automatic Rifle : 브라우닝식 자동소총), 개인용 화염방사기 등이 나온다.

상륙작전 때마다 등장하는 LVT는 산호초가 많아 일반적인 선박이 좌초되기 쉬운 중남부 태평양에서는 매우 유용한 장비였지만, 장갑이 형편없어 타라와 전투에서는 투입된 125대 중 90대가 격파당할 지경이었다. 따라서 수륙양용장갑차를 내륙진격에도 유용한 장비로 평가하는 요즘과는 달리 당시의 수륙양용장갑차들은 거의 상륙 시에만 한 번 쓰고 버리는 1회용 장비 취급을 받았다.

영화 막판에 라가지의 유도로 등장하는 화염방사전차는 M-4 셔먼전차에 화염방사기를 부착한 모델이다. 대충 쏘아도 토치카 총안구 속으로 화염이 알아서 잘 들어가 주는 화염방사기는 토치카 공격에 일반적인 총포류보다 더 유용한 무기였다. 따라서 대전 중 각국은 이러한 화염방사기나, 거기에 기동력을 부여한 화염방사전차를 적진 공격용으로 많이 사용했다.

영화 속의 해병대원들의 복장을 유심히 살펴보면 어깨에 사단 마크를 달지 않은 것을 알 수 있다. 대전 당시의 미 해병대는 요즘과는 달리 군복에도 육군 식으로 사단 마크를 패용했는데, 그럼에도 불구하고 영화에서 재현하지 않은 것은 영화의 스토리와 실제 역사가 맞지 않는 점을 숨기려는 의도 같다. 타라와에는 제2해병사단이 참가했고 이오지마에는 제3, 4, 5해병사단이 참가했으니 스트라이커의 분대가 통째로 사단을 옮기지 않는 이상 이야기가 맞지 않는 것이다.

감추어진 가부장주의와 거짓 신화

시놉시스를 보고 이미 눈치 챈 독자들도 있겠지만, 실제로 보면 이 영화는 스트라이커 병장이 대표하는 아버지의 권위와, 콘웨이 일병이 대표하는 아들의 입장이 영화 내내 대립하는 구도를 취하고 있다. 콘웨이 일병은 영화 내내 사사건건 스트라이커 병장에게 대들지만 결국 승복하고 아들의 이름을 아버지의 이름을 따서 샘으로 짓는다든지, 스트라이커가 채 못 완성하고 죽은 편지를 자신이 완성하겠다고 결의하는 장면 등은 스트라이커 병장이 대표하는 가부장적 지도자상에 손을 들어 주던 당시 보수적 미국인들의 정서를 대변하는 것이다.

그리고 이 영화 후반부에 나오는 이오지마 전투와 성조기 게양 장면을 보면 '치열한 일본군의 포화를 뚫고 수리바치 산에 올라 승리의 깃발을 게양한 영웅적 미 해병대'라는 선동적 메시지가 전달되고 있음을 느낄 수 있다. 심지어 이 부분에는 당시 실제로 국기를 게양했던 인물들인 르네 개논 일병, 아이라 헤이즈 일병, 존 브래들리 병장(해군위생병) 등이 출연하여 영화를 더욱 화젯거리로 만들어 주었다. 그러나 그러한 메시지는 과연 진실일까?

이오지마 전투가 끝난 지 50여 년 만에 존 브래들리 병장의 아들 제임스 브래들리가, 아버지의 사후에 아버지와 전우들의 과거를 파헤쳐 쓴 논픽션 『*Flags Of Our Fathers*』에서는 전혀 정반대의 진실이 밝혀지고 있었다.

치열한 이오지마 전투였지만, 수리바치 산을 지키고 있던 일본군 300여 명 중 약 반수는 승산이 없음을 깨닫고 2월 22일 밤에 산을 탈출하여 미군전선을 몰래 돌파, 섬 북측의 아군과 합류했다. 그리고 산 속에 남은 나머지 반수는 집단 자살했다.

이런 사실을 알 턱이 없던 미군은 일본군의 맹렬한 반격을 예상하고 산을 올랐지만, 일본군의 반격은 미미하다 못해 거의 없던 상태였고, 오전 10시 제5해병사단 제28연대 제2대대 병사들에 의해 첫 번째 성조기가 수리바치 정상에 게양된다.

그러나 대대장은 이 깃발을 대대에 영구 보존하기로 하고, 대신 더 큰 두 번째의 성조기를 12시에 올려 보낸다. 그리고 사진기자 조 로젠탈이 촬영한 멋진 삼각구도의 두 번째 성조기 게양 장면이 본국에 도달하자, 그것은 곧장 선정주의에 물든 언론에 의해, 이 섬에서의 첫 번째 국기 게양 장면이자 미국의 승리의 상징인 양 대중들에게 오도되어 버렸다.

게다가 언론 기자들은 당시 수리바치 산의 전황을 알지도

오늘날 우리에게 너무나 잘 알려진 이오지마에서의 두 번째 성조기 게양사진. 영화 「유황도의 모래」에는 이 사진에 등장했던 실제 참전용사 3명을 출연시켜 홍보효과를 노렸다.

못한 채 '일본군의 총탄과 수류탄을 면상에 맞아 가며 해병들은 산을 올랐다!' 하는 식으로 책상에 앉아 추측성 기사들을 마구 써대었다. 진실을 알 턱이 없는 대중들은 이런 것들을 그대로 다 믿고, 그 후로도 한 달 동안이나 더 계속되었던 나머지 처절한 이오지마 전투에 대해서는 신경 쓰지 않았다. 그리고 미국정부도 이러한 여론을 타고, 두 번째 국기를 게양했던 6인의 해병들 중 생존한 3명을 본국으로 급히 공수하여, 일본 본토상륙전과 원자폭탄 제작기금 마련을 위한 제7차 전쟁공채 모금운동의 운동원으로 동원하는 등 대대적인 선전활동에 나선다.

결국 그러한 '거짓 신화'를 대중들에게 더욱 공고히 해준 영화 「유황도의 모래」에까지 해병대 당국의 압력으로 억지 출연해야 했던 3명의 국기 게양자들의 말로는 하나같이 비참했다. 아이라 헤이즈 일병은 1955년 불과 32세를 일기로 술을 마시다가 사망했고, 르네 개논 일병은 자신의 유명세로 인해 공무원으로 특채되기를 바랐으나 그러지 못하자 실망하고 여러 직업을 전전하다가 1979년 심장마비로 객사한다. 존 브래들리 병장은 해군 제대 후 장의사를 개업했고, 그 누구에게도 전쟁 중의 일에 대해서는 일체 함구하다가 1994년 심장마비로 사망했다.

제임스 브래들리는 자신의 저서에서 이러한 사실들을 모두 폭로하면서, 언론의 선정적 추측보도가 진실을 왜곡시키고 평범한 사람들의 일생을 망가뜨렸다고 비판하고 있다. 사람들이

별 생각 없이 보았던 영화 「유황도의 모래」의 이면에는 이토록 왜곡된 진실이 수십 년간이나 숨어 있었던 것이다.

한편 제임스 브래들리의 저서는 2006년 클린트 이스트우드 감독의 동명 영화로 제작되어 다시 한 번 화제가 되었다.

이오지마 전투 이후의 태평양전쟁사

이오지마 전투가 종결된 지 불과 10여 일이 지난 1945년 4월 1일, 약 20만 명의 인원으로 구성된 미국 제10군은 '아이스버그'라는 작전 암호명으로 일본 본토 오키나와에 상륙한다.

오키나와에는 우시지마 미쓰루 장군이 이끄는 일본군이 현지 민간인 및 소년 소녀들까지 징집해 역시 10만 명이나 되는 병력을 확보하고 있었고, 공중에서는 무수한 가미가제(자살 특공대) 항공기들이 오키나와 앞바다의 미군 함대에 돌격했다. 그리고 그때까지 살아남아 있던 일본 해군의 초거대전함 야마토도 미군에 자살공격을 펼치다가 실패하고 3,000명이 넘는 승조원과 함께 격침당한다.

이런 악전고투에도 불구하고 6월 21일 오키나와의 일본군은 전멸당하고 오키나와는 미군에 함락당하고 만다.

이제 일본 본토에는 매일같이 미군의 B-29와 항모 함재기의 공중폭격이 가해지고 있었고, 도쿄는 공격할 만한 표적조차도 없을 정도였다. 그러나 일본 정치지도자들은 이 순간까지도 전의를 잃지 않고 전 일본 국민을 무장시켜 최후의 본토 결전에 대비하자고 목청을 높이고 있었다.

　미국을 위시한 연합군들도 일본의 숨통을 끊을 일본 본토 상륙작전인 다운폴 작전을 준비하는 등 태평양전쟁의 종말이 드디어 눈앞에 다가왔다.

「반딧불의 묘」, 어른들이 벌인 전쟁에 휘말려든 아이들의 비극

제작 : 스튜디오 지브리(1988)
감독, 각본 : 다카하타 이사오
성우 출연 :
　　타츠미 츠토무(세이타 역)
　　시라이시 아야노(세츠코 역 – 당시 5세)
음악 : 마미야 요시오
원작 : 노사카 아키유키

전쟁의 사상자들

역사상 어느 전쟁이건 간에 한 가지 공통점이 있다. 전쟁을 원하고 일으키는 사람은 바로 남자와 어른들이지만 그 최대의 피해자들은 바로 힘없는 여자와 아이들이라는 것이다. 태평양전쟁에서도 예외가 될 수는 없었다.

그 수를 정확히 짐작도 할 수 없을 정도로 많은 여자와 아이들이 전쟁미망인, 전쟁고아가 되어 생존을 위한 또 다른 투쟁에 내몰렸고, 점령군의 폭압에 휘말려 스러져야 했다. 군인들의 전쟁도 전쟁이지만, 그 이면에 가려진 이 엄청난 민간인들의 희생 역시 전쟁의 한 단면이고, 이런 처참한 부분에 대해서 지적하지 않고 넘어간다면 대다수의 전후세대들에게 전쟁은 '첨단무기들이 벌이는 멋있는 활극'으로밖에 인식되지 못할 것이다.

이번 장에서는 1988년 일본 지브리 스튜디오에서 제작한 「반딧불의 묘」라는 애니메이션을 통해 태평양전쟁의 최후를 장식했던 미군의 대일전략폭격과 그 속에서 스러져 갔던 일본 민간인들의 삶에 대해 알아보자.

남매의 잔혹사

영화의 줄거리는 극히 단순하면서도 비극적이다. 영화는 1945년(쇼와 20년) 9월 21일 영양실조로 14살 난 주인공 세이타가 쓰러져 죽는 모습에서 시작된다. 원작과는 달리 "쇼와 20년 9월 21일 밤 나는 죽었다"라는 대사에서도 알 수 있듯이, 망자의 영혼이 생전을 회상하는 식으로 꾸며져 있다. 이투성이 복대 속에 꼭 품고 있던 드롭스 깡통, 그 깡통을 역원이 어둠 속으로 집어던지자 역시 영양실조로 죽은 4살짜리 여동생 세츠코의 하얀 유골이 나뒹굴며 반딧불들이 어지럽게 공중을 난다.

시간은 그 3개월 전인 같은 해 6월 5일로 거슬러 올라간다. 그날 세이타와 여동생 세츠코, 어머니가 살던 고베는 B-29 350대의 대공습을 당했다. 저공으로 날며 소이탄을 흩뿌리는 B-29의 폭탄에 맞아 어머니가 숨진다. 어머니의 죽음을 세츠코에게는 비밀로 한 채 세이타는 화장된 어머니의 유골을 챙겨 친척집으로 향한다.

친척 아주머니는 처음에는 이들을 반기지만, 이들이 가져온 물건이 떨어지면서 시간이 갈수록 노골적인 냉대를 감추지 않는다. 심지어는 빨래를 널었다고, 피아노를 친다고 타박을 놓는다. 밥을 먹을 때도 세이타 남매에게 더 적게 주자 그들은 냉대를 못 이겨 근처의 방공호로 옮겨간다.

방공호에서 둘은 남으로 날아가는 가미가제 특공기의 비행등과 그 불빛을 닮은 반딧불을 본다. 고사기관포의 예광탄도, 아버지가 탑승했던 군함의 관함식 장면도 떠올린다. 다음날 아침 세이타는 죽은 반딧불의 무덤을 만들어 준다. 세츠코는 자신도 어머니가 돌아가신 사실을 전해 들었다며 울먹인다.

충분한 식량을 구할 수 없어 둘은 매일 여위어 가고, 세이

세이타와 세츠코 남매

타는 세츠코에게 먹일 음식을 구하기 위해 물건을 훔치다가 적발되어 경찰서에 끌려가기도 하지만 곧 훈방된다. 영양실조 증세를 보여 극도로 쇠약해진 세츠코를 병원에도 데려가 보지만 모든 의약품이 떨어진 병원에서도 이미 손을 쓸 수가 없었다. 세이타는 패전 소식이 들려오고 연합함대의 전멸을 알았을 때 해군 대위였던 아버지의 죽음을 실감하고, 결국 세츠코도 종전 1주일 후인 8월 22일 숨을 거두고 만다.

구덩이를 파 세츠코를 화장하고, 세츠코의 뼈를 모아 방공호를 떠나는 세이타. 그의 최후도 어차피 불 보듯 뻔한 것이었다. 1940년대의 고베의 밤 풍경이 현대 고베 시내의 화려한 야경으로 바뀌면서, 지금도 사람들의 각박한 심성이 그때와 무슨 차이가 있는지를 말없이 질문하며 작품은 막을 내린다.

동생 잃은 슬픔을 애니메이션으로

이 작품은 이 책에서 소개하는 영화 중 실사 영화가 아니라,

유일한 애니메이션이다. 그리고 그 원작은 1968년 제58회 나오키 문학상을 수상한 작가 노사카 아키유키의 동명의 단편소설이다.

1930년생인 노사카는 전쟁 중 피난을 다니면서 1년 4개월 동안 여동생을 돌보다가 동생을 먼저 저 세상으로 떠나보내야 했으며, 그때의 체험을 기반으로 『반딧불의 묘』를 썼다. 그의 소설은 1988년 독자들도 잘 알고 있는 미야자키 하야오의 스튜디오 지브리에 의해 애니메이션화되었으며, 「뉴욕 타임스」에서는 이 애니메이션을 두고 스티븐 스필버그 감독의 「쉰들러 리스트」에 버금가는 전쟁영화라고 극찬하고 있다. 물론 총을 쏘거나 폭탄을 던지는 '화려한' 액션을 중점적으로 보여주는 영화는 아니지만, 그러한 액션 후에 남겨진 파괴의 잔해와 죽어 가는 사람들 역시 부인할 수 없는 '전쟁의 풍경'이기에 전쟁영화라 부를 수 있는 것이다. 노사카 아키유키의 『반딧불의 묘』는 그가 자신의 여동생에게 바치는 일종의 레퀴엠이자, 스스로를 위로하기 위해 쓰인 글이기도 하다.

이 애니메이션을 두고 국내에서는 '일본인들의 반성 없는 반전영화', '전범국 일본을 피해자로 묘사하는 엉터리 영화'라고 말들이 많았다. 물론 일본이라는 나라에 대해서는 무제한의 폭력과 비이성이 허용되는 국내의 정서를 감안해 보면 그러한 주장이 이해 안 되는 것은 아니며, 그런 의미에서 필자도 이 작품을 과연 이 책에 소개를 해야 할지를 놓고 망설였던 것도 사실이다. 하지만 이 부분에 대해서 필자는 인터넷 사이

트 '바람구두의 문화망명지(http://windshoes.new21.org)' 운영자
인 '바람구두'라는 네티즌으로부터 매우 값진 평을 얻을 수
있었다. 바람구두의 허락을 얻어 그 글을 소개한다.

　다카하다 이사오는 몇 차례 한국을 방문했을 때 「반딧불
의 묘」에 대해 일본의 책임을 반성하지 않고, 전쟁의 피해
자로서 그려지는 듯하다는 지적에 대해 자신의 의견을 명확
히 밝혔다.
　그는 "한국인들이 그런 식으로 받아들인다고 해도 이해
할 수 있다. 하지만 「반딧불의 묘」는 결코 일본을 정당화하
려 했던 것은 아니다. 객관적으로 그리려고 노력한 것이지,
거기에 특별한 의도를 부여한 것은 절대 아니다"라고 답했
다. 다카하다 감독은 이에 덧붙여 "원인부터 따지지 않으면
전쟁에 반대할 수가 없다. 어째서 전쟁을 피하지 못했는가
를 생각하지 않으면 안 된다. 작품을 만든 후 언론매체 등에
서 그런 이야기를 자주 말해 왔다"고 했다. (중략)
　토에이 동화 시절 선배로서 노동조합 활동에 미야자키
하야오를 끌어들인 사람이 다카하다 이사오였다. 다카하다
감독은 일본의 우경화와 자위대파견법 제정 등에 대해 분명
한 반대 의사를 밝혔고, 일본이 세계에 공헌하는 것은 필요
하지만, 군사력이 아니라 다른 부분에서 헌신할 것을 생각
해야 한다고 말한다. (중략)
　다카하다 이사오는 결코 일본이 피해자라고 말하지 않는
다. 그는 심지어 이 어린 오누이조차 전쟁의 일부로 그리고

있다. 그들에게도 죄가 있다. 그 죄란 일본에서 태어난 죄다. 우리는 걸프전과 그 결과 경제 봉쇄된 이라크에서 죽었거나, 죽어 가는 수없이 많은 어린이들이 있음을 알고 있다. 그들에게도 죄가 있다. 그것은 오직 한 가지 이라크에서 태어났다는 것이다. 그와 마찬가지로 이들 오누이의 죄 역시 불행히도 그들의 죽음으로 참회하지 않으면 안 되는 것이다. 살아남은 일본인들은 그것을 뉘우쳐야 한다. 물론 반성 없는 일본에 대해 우리가 분노하는 것은 지극히 정당하다고 생각한다. 그러나 가끔 그 하릴없는 분노가 때로는 상대방의 죄과와 닮아 가고 있음을 느낄 때 나는 소스라치게 놀라곤 한다. (후략)

한국이 일본, 중국을 침공해 쑥대밭을 내고 식민지로 만들자는, 이른바 '한국판 대동아공영권'의 주장이 실린 국내의 일부 베스트셀러들에서 '상대방의 죄과와 닮아 가는 우리의 하릴없는 분노'가 보이지 않는가?

미군의 전략 폭격

이 영화 스토리의 단초가 되는 미군의 전략 폭격은 그 목표를 철저히 일본의 전쟁 수행 능력 말살에 두고 있었다. 태평양을 진격하는 미군의 최종 목표는 일본 본토 상륙이었고, 그러자면 미군이 상륙하기 전에 일본의 전쟁 수행 능력을 붕괴시

켜 조직적 저항력을 없애야만 본토 상륙 시 미군이 한 사람이
라도 덜 죽을 수 있었다.

이를 위해 영국이 독일에게 점령될 때를 대비한 장거리 전
략폭격기로서 설계되었던 B-29 폭격기가 대일 전략폭격의 주
역으로 선정되었다. 이 항공기는 완전 여압화된 객실에, B-17
보다 3톤이 더 많은 10톤의 최대폭탄적재량, B-17의 두 배나
되는 1,500마일의 전투행동반경, 그리고 일본 항공기들이 도
저히 따라올 수 없는 10킬로미터 이상의 비행고도와 12문의
중기관총이라는 막강한 방어무장을 지니고 있었다.

우선 1944년 5월, 미 육군의 제20폭격사령부는 연합군의
세력권 내인 중국의 쳉투 지방에 폭격기 기지를 설치하여 일
본의 동남아시아 식민지를 폭격하고, 6월 15일 75대의 B-29
로 일본 본토 규슈의 야와다 철강회사를 폭격함으로써 일본
본토 폭격의 막이 올랐다. 그러나 야와다 철강회사에는 단 1
발의 폭탄만이 명중했을 뿐이었으며 비행사고로 3대의 B-29
가 손실되었다. 중국의 기지에서 출격하는 것이 너무나 비효
율적이었으므로 보다 가까운 마리아나 군도에 폭격기 기지를
건설하자는 소요가 제기되어, 결국 앞 장에서도 밝혔듯 1944
년 중반 육군과 해병상륙부대가 마리아나 군도에 상륙하여 B-
29의 기지를 건설한다. 그리고 1944년 가을, 이곳에 제21폭격
사령부가 새로 창설되어 대일 전략폭격을 담당한다. 11월 24
일, 제21폭격사령부의 B-29 88대는 도쿄 교외 무사시로의 나
카지마 항공기 엔진공장을 고공폭격했으나 지나치게 고공이

었던 탓에 효과는 경미했다. 이듬해인 1945년에 새로이 제21 폭격사령부의 사령관으로 취임한 커티스 르메이 장군은 장비와 전술을 바꾸어야 더욱 효과적인 폭격이 가능하다는 것을 깨닫는다. 일본에는 저공비행하는 항공기를 잡아낼 대공기관포가 부족하다는 것을 안 그는 그때까지의 주간 고공 폭격을 야간 저공 폭격으로 바꾸고, 또한 불에 타기 쉬운 일본 목조가옥의 특징을 간파하여 폭탄도 M-47 클러스터식 네이팜탄과 M-69 소이탄으로 바꾼다. 영화 초반에 B-29들이 선보인 전술이 바로 이러한 소이탄 이용 저공 폭격이었던 것이다.

1945년 3월 9일 밤 르메이는 279대의 B-29를 도쿄 상공에 출격시켜 새로운 폭격전술을 시험한다. 도쿄 시내 16평방마일이 잿더미가 되고 이재민 100만 명 이상 발생, 약 8만 명이 죽었다. 3월 11일 밤에는 나고야, 13일에는 오사카, 16일에는 고베, 18일에는 다시 나고야에 200-300대씩의 B-29가 출격해 수천 톤의 소이탄을 퍼붓고 엄청난 인명을 살상했다.

도쿄에는 이후에도 4월 13일과 15일, 5월 23일과 25일 밤에도 B-29의 대편대에 의한 공습이 벌어져 일본 천황도 피난을 가고, 공격할 만한 가치를 지닌 목표물이 거의 남아나지 않을 지경이었다.

영화의 배경이 되는 고베 시가지에는 6월 5일 제58, 73, 313, 314 폭격항공단의 B-29 530대가 출격하여 11대의 손실을 입은 것으로 전사는 기록하고 있다. 유럽 전선에서 미군 중폭격기의 임무당 손실률이 10퍼센트 수준으로 매우 높았던 것에 비해 태평양 전선에서 미군 중폭격기의 임무당 손실률은 보통 1퍼센트 수준이었다. 그러니까 210대나 격추시켰다는 원작 속의 신문기사는 완전히 거짓말인 셈이다.

또한 1945년 2월 16일부터 미 해군 항모 함재기들도 도쿄 폭격을 개시했다. 16척의 항공모함들이 일본 해안에서 60마일 거리 해상에서 수백 대의 전투기와 폭격기들을 날려 보냈다. 이 비행기들은 혼슈 상공을 방해 없이 자유롭게 날아가 B-29의 고공 폭격에도 적은 피해만을 입었던 무사시로의 나카지마 엔진공장에 대타격을 가했다. 미국 항공모함에 대한 일본의 반격은 전혀 없었다. 이오지마 전투가 종식된 후인 1945년 4월 7일부터 P-51 무스탕 전투기들도 이오지마에서 발진하여 일본을 폭격하는 B-29를 호위하고, 폭격기를 격추하러 날아오는 몇 안 남은 일본 전투기들을 격추시켰다. 일본군은 미군의 폭격을 피하기 위해 농어촌이나 주택가 지하에까지 군수시설을 피난시켰으나 그렇다고 폭격을 면할 수는 없었다.

1945년 6월 18일, 워싱턴에서 열린 미국 합동참모본부 회의에서 해리 트루먼 미 대통령은 일본 본토상륙전을 실시할 시 최소한 25만 명 이상의 미군 사상자와 막대한 전비를 들이고도 1946년 11월에나 전쟁을 끝맺을 수 있다는 결론을 접하고 충격을 받는다.

7월 16일, 미국 로스 알라모스에서 인류 역사상 최초의 원자폭탄 실험이 성공했다. 7월 26일의 일본의 무조건 항복을 규정한 연합군 최후통첩인 포츠담 선언이 발표되었음에도 불

히로시마 상공의
버섯구름

구하고 일본은 28일 스즈키 칸타로 수상의 성명을 통해 이것을 '묵살'해 버리기로 하고, 미국은 끝까지 항복을 거부하는 일본에 대해 신무기인 원자폭탄을 사용해 전쟁을 종식시키기로 결정한다. 그리하여 8월 6일, 히로시마에 15kt급 원자탄 '리틀보이'가 B-29로 투하되어 14만 명이 죽었다.

　미군의 재래식 전략폭격으로 사망한 일본인은 약 26만 명, 그리고 40만 명 이상이 부상을 당했다고 전해진다.

그 이후의 태평양전쟁사

소련군의 전격적 참전

8월 6일의 히로시마 원폭 공습은 일본의 정치 군사지도자들을 격분시켰다. 도고 시게노리 외무대신은 히로히토 천황에게 원자탄에 대해서 설명하고 일본은 즉시 전쟁을 끝내야 한다고 주장했다. 또한 이것을 논의하기 위해 전쟁결정 최고회의가 소집되었다. 그러나 이 회의의 군인 의원들은 스즈키 수상의 호출에 응하지 않았다. 소련 주재 일본 대사 사토는 도고로부터 일본이 비밀리에 추진 중이던 새로운 일·소 평화조약에 대한 소련의 응답을 얻어 내기 위해 소련 외무장관 몰로토프에게 압력을 가하라는 지시를 받았다. 이상하게도 몰로토프는 면담 시간을 오후 5시(도쿄 시각으로는 오후 11시)로 조정하였다. 약속자리에 나온 그는 8월 9일부터 시효가 발생되는 대일본 선전포고문을 낭독했다.

도쿄 시각으로 8월 9일 오전 1시가 되자 일체의 사전 포, 폭격 없이 소련군 병력과 항공기들이 만주 국경을 넘어 기습 공격을 개시했다. 이 공격에 동원된 소련군은 150만 명 병력에 5,500대의 탱크와 자주포를 가지고 있었다. 일본이 자랑하던 관동군은 태평양전 도서전투와 본토 결전을 위해 그 인력과 장비가 부족한 상태였으며 대규모 육상, 항공공격에 의해 패퇴했다. 스탈린이 직접 감독하는 소련의 전투 계획은 만주의 3개소에 병력을 투입하는 것이었다. 만주 직접 공격군 외에 한 부대는 외몽고를 공격하여 고비사막을 건너 중국으로 진격, 소련군이 만주로 가는 진격로를 열었고, 한국에도 소련군이 원산까지 진격하여 블라디보스토크에서 출격한 상륙부대가 해안에 상륙작전을 벌였다. 소련은 주요 전략 거점에 공수부대까지 강하시켰다. 400척의 군함으로 이루어진 소련 태평양 함대와 북태평양 소함대는 동해로 항진하여 한국과 쿠릴열도 공격을 지원하였다. 일본의 주요 도시 하나가 폭탄 단 1발로 완파되어 버렸고 소련의 대군이 일본 영토로 쳐들어오는 상황에서 소련과 평화협정을 맺으려던 희망은 끝장나 버렸다.

그러나 아직도 일본은 항복을 거부하고 있었다. 일본 본토 상륙작전에 투입될 인원과 물자는 이미 오키나와, 루존, 괌, 하와이 등에서 엄청난 규모로 조직되고 있었다. 상륙 함정들도 전진기지로 이동 중이었다. 윌리엄 E. 할지 제독의 제3함대 전함들은 홋카이도 해안에 포격을 가하고 있었으며 항모 함재기들은 도쿄 북방 비행장을 강타하고 있었다. 더글러스 맥아더 육군원수는 드와이트 D. 아이젠하워 육군원수의 노르망디 상륙작전을 능가하는 규모의 일본 본토상륙작전을 지휘할 태세를 갖추고 있었다. 트루먼 대통령은 히로시마가 격파된 후 일본 정부가 항복할 거라고 생각했다. 그러나 그런 소식은 오지 않았고 따라서 재래식 폭격은 계속되었다.

8월 7일 B-29 131대가 도쿄를 강타하였다. 8월 8일에도 역시 대규모 B-29편대가 야와타를 소이탄 폭격하였으며 더 많은 폭격과 기뢰 부설이 이어졌다. 스즈키 칸타로 수상과 도고 시게노리 외무대신은 포츠담 선언을 받아들이는 조건은 천황제의 존속뿐이라고 말했다. 아나미 고레치카 육군대신, 우메주 요시지로 육군참모총장, 도요다 소에무 해군군령부총장 등도 여기에 동의했으나 몇 가지 조건을 더 제시했다. 연합군이 일본을 점령하지 않거나 극히 일부 지역만 점령할 것, 이 전쟁이 시작되었을 때부터 연합군의 주요한 정책이었던 전범 재판을 열지 말 것, 일본군 장교의 감독 하에 일본군 병력의 무장 해제와 제대 작업을 할 수 있게 할 것 등이었다. 이러한 제안을 비웃기라도 하듯 8월 9일, 나가사키에도 21kt급 원자폭탄인 '패트맨'이 떨어졌고, 그 해가 끝날 때까지 나가사키에서 7만 명이 죽었다.

패전 직전의 혼란과 아수라장

히로히토 천황은 이에 충격을 받아 8월 9일 천황궁 방공호에서 열린 어전 회의에서 천황 자신의 군주로서의 특권을 제외한 다른 어떤 조건도 달지 않는 무조건 항복을 수락하겠다고 천명하고, 이 뜻을 국민에게 전하는 옥음 방송을 녹음했다. 그러나 천황의 방침에 불응하고 끝까지 항전을 외치던 천황 근위부대의 육군 장교들은 8월 15일 오전 천황의 궁전과 NHK방송국에서 군사 쿠데타를 일으켰고, 쿠데타를 방조한 아나미 육군대신은 할복자살했다.

한편 일본군은 만주, 한국, 사할린, 쿠릴 열도를 공격하는 소련군에 맞서 헛된 저항을 계속하고 있었다. 8월 13일, 소련군이 만주의 핑팬에 소재한 악명 높은 731부대 본부에 근접해 오자 지휘관 이시이 시로 중장은 모든 건물, 장비, 문서, 생체 실험 대상자를 파괴할 것을 명령하였다. 수백 명의 세균, 동상 실험에 쓰였던 죄수들의 감방에 독가스탄이 투척되었다. 만주인, 중국인 노동자들은 기관총으로 사살되었다. 그들의 시신을 소각하려 했으나 너무 많았다. 일본 공병부대는 부대시설 파괴를 지원하였다.

사할린 북부를 점령하고 있던 소련군도 8월 9일 국경을 넘어 남진하였으며 일본 군민 연합부대를 격파하였다. 소련 육군 부대가 일본군을 깔아뭉개고 있는 동안 8월 12일 소련 상륙부대가 사할린 서해안 2개소에 상륙하였다. 8월 12일, 일본

제국 대본영에서는 쿠릴 열도와 사할린의 일본군에게 다음과 같은 이상한 명령을 보냈다.

"적대행위는 종식되었다. 그러나 어쩔 수 없는 상황 하에서의 호신행위는 허용한다."

8월 18일 새벽, 소련군은 쿠릴 열도의 북단이며 캄차카 반도 근처의 슘슈에 상륙하였다. 일본군 탱크와 보병이 해안을 향해 돌격하려는 순간 전투 중지 명령이 떨어졌다. 그러나 사할린에 추가로 상륙한 소련군이 항복하는 일본군에게도 사격을 가하자 다시 전투가 벌어졌다. 사할린과 홋카이도 사이의 서해안에는 소련 잠수함이 일본 난민들을 싣고 가던 배에 어뢰 공격을 가해 1척을 침몰시키고 1척을 파손시켰다. 8월 24일까지 일본군은 무장해제에 응하지 않았으며 그때까지 춥고 황량한 섬에서의 고립된 전투가 계속되었다. 소련은 사할린과 쿠릴을 점령한 여세를 밀고 나가 홋카이도 공격을 계획했다. 상륙작전은 전쟁에서 제일 복잡한 것임에도 불구하고 짧은 거리인데다 가능한 모든 군함을 동원한 소련군은 일본 본토 공격을 위한 발판으로서 북부 홋카이도를 점령하려는 생각을 품었다. 하지만 홋카이도는 일본 본토였고, 따라서 사할린, 쿠릴보다 더 강하게 방어되고 있었기 때문에 홋카이도 공격은 실시되지 않았다. 그러나 소련군은 이미 일본 내에 진주해 있었다.

천황에게 충성하는 병력들은 8월 15일 새벽에 반란군을 진압하고 인질들을 구출하였다. 그날 정오, 드디어 천황의 항복

방송이 나왔다. 「니폰 타임즈」의 편집장 가와이 가즈오는 이렇게 적었다.

"천황의 목소리가 들리지 모든 국민들이 일제히 똑같은 반응을 보였다. 여자들은 숨이 막히도록 울었고 남자들도 흐르는 눈물을 참으려 애쓰다가 주저앉았다. 몇 분 사이에 거의 모든 사람이 울면서 감정의 물결이 전국적으로 확산되었다. 이것은 돌발적이고 전국적인 집단 히스테리였다."

이 전쟁은 도쿄 만에 정박한 미국과 연합군의 대함대 속의 전함 미주리 함상에서 거행된 항복 조인식으로 끝났다. 9월 2일 아침 미국, 연합국, 일본 관리들이 미주리 함상에 도착하였다. 수백 명의 기자들과 사진작가들이 천여 명의 미국 수병들과 함께 군함 갑판에 운집해 있었다. 맥아더 장군이 이 엄숙한 공식 행사를 주재했다. 새로이 임명된 외무대신 시게미쓰 마모루가 일본 정부를 대표해 서명한 이후 항복을 강하게 반대하던 우메즈 요시지로 장군이 앞으로 걸어 나와 일본제국 대본영을 대표해 사인하였다. 그 다음으로 맥아더가 나타나 국제연맹을 대표해 항복문서에 서명했다. 니미츠 제독은 미국을 대표해 서명했다. 니미츠 다음으로 중국 대표, 영국 대표, 소련 대표, 오스트레일리아 대표, 캐나다 대표, 프랑스 대표, 네덜란드 대표, 뉴질랜드 대표의 서명이 이어졌다. 항복 조인식의 마지막 행사로 수백 대의 미 해군 항모 함재기와 B-29의

미주리호 함상의 항복 조인식

물결이 하늘을 뒤덮었다. 그 동안 수천 명의 미 육군, 해군, 해병이 일본에 상륙하여 일본 기간시설을 점령하고 해방된 연합군 포로들을 간호하며 일본군을 무장해제시켰다. 이리하여 남북 7,000킬로미터, 동서 1만 킬로미터에 달하는 광대한 전역에서 수천만의 목숨을 앗아간 태평양전쟁은 일본의 완전한 패배로 끝이 났다. 이 전쟁에서 제일 큰 희생을 치른 중국에서는 정확하지는 않지만 2천만 명 이상이 죽었다고 한다.

전후 일본의 행보

종전 후 맥아더가 이끄는 미국의 점령 기관(GHQ)이 설치되어 패전 일본을 지배했다.

종전 직전 약 700만 명이라는 거대한 병력을 자랑하던 일본 육해군은 무장해제가 시작된 지 한 달 반이 지난 10월 16일, 완전 무장해제되고 해산되었으며 1945년 11월에는 육군성과 해군성이 해체된다. 또한 연합국은 전후 처리의 일환으로 920명의 일본인 전쟁범죄자에게 사형, 3,000여 명에게 징역형을 선고했다. 특히 1946년부터 1948년까지 이른바 A급 전범용의자 25명을 대상으로 한 도쿄 극동군사재판이 열려 용의자 모두에게 '침략전쟁을 위한 전반적 공동모의죄'의 죄목으로 도조 히데키 전 수상을 비롯한 7명에게 사형, 기도 고이치 전 내무상을 비롯한 16명에게 종신형, 도고 시게노리 전 외무대신과 시게미쓰 마모루 전 외무대신에게 각각 20년, 7년형을 선고했다. 그러나 이중 1948년 12월 23일 사형이 집행된 7명이나 복역 중 사망한 도고 시게노리 등 일부를 제외하고 처음 부여된 형량을 모두 복역한 자는 한 명도 없으며 모두 1958년까지 석방되었다. 게다가 미국은 이 전쟁에 더욱 큰 책임이 있다고 할 수 있는 천황 일가나, 이용 가치가 높은 731부대 관련자 등에 대해서는 아예 죄를 묻지 않음으로써 훗날 전쟁 피해국들로부터 두고두고 원성을 사게 된다. 미국은 그들을 살려 두어 동북아시아에도 불어 닥친 냉전에 대비한 방패로 쓰려고 했던 것이다.

1946년 1월 히로히토 천황은 자신의 신격을 부정하는 '천황인간선언'을 발표하고, 1947년 5월 3일 일본 점령군 사령관 맥아더는 미국과 영국법을 절충시킨 신일본헌법을 발효시켜 일본의 비무장화와 비군국주의화, 민주화를 위한 제도적 포석

맥아더와 함께 선 히로히토.

을 마련한다. 그러나 1950년 발발한 한국전쟁으로 인해 일본을 '군대 없는 국가'로 만들려던 그의 시도는 물거품이 되었으며 같은 해 이른바 '경찰예비대 (75,000명 규모)' 창설, 구 일본 해군요원들의 한국 해역 소해활동 투입 등으로 미국의 비호 하의 일본 재군비가 시작되어, 1954년에는 '군대 아닌 군대' 자위대가 발족되기에 이른다.

1951년 9월 4일부터 8일까지 일본의 주권 회복과 강화를 위해 열린 '샌프란시스코 강화회의'에서는 참가 52개국 중 소련, 폴란드, 체코를 제외한 49개국의 조인으로 대일강화조약이 승인되었다. 일본은 이 강화조약에서 "한국, 대만과 쿠릴 열도, 남사할린, 국제연맹 시대의 신탁통치를 위임받았던 태평양의 여러 섬, 남지나해의 남사제도와 서사제도 및 남극대륙의 어떠한 곳이라도 모든 영유권을 포기하며 난세이 제도와 오가사와라 제도 등에 대해서도 미국이 UN의 위임으로부터 신탁통치에 임할 경우 어떠한 형식에도 이에 동의한다"고 발표했다. 또한 이 조약은 일본이 다른 나라에 대한 협박과 무력행사를 금지할 것을 규정했지만 동시에 "일본은 주권국가로서 UN헌장 제51조가 규정하는 자위 또는 집단자위의 고유한 권리를 가지며 그 자유의사에 따라 집단 안전보장의 결정에 참가할 수 있다"는 것을 인정하고 있었다. 조약에서 일본이 지불할 배상금은 명문화되지 않았으나 일본이 제2차세계대전으로 인해 끼친 손해와 고통을 배상하기 위해 연합국과 개별적으로 교섭할 의무를 부과시켰다.

이로 인해 수천만의 목숨을 앗아갔던 태평양전쟁은 모두 정리되었으나, 종전 60년을 맞이하는 지금에 와서도 일본은 한국을 비롯한 과거 전쟁 피해 국가들과의 책임 있는 대화 기피, 과거사에 대한 망언과 역사왜곡, 일부 정치인들의 우경화 움직임들을 보이고 있다. 일본이 과거 전범국의 오명을 씻고 주변국들의 진심어린 신뢰를 얻어 내려면 진심어린 사죄와 함께 이러한 점들을 개선하지 않으면 안 될 것이다.

영화로 보는 태평양전쟁

초판발행 2005년 9월 10일 ┃ 2쇄발행 2009년 5월 10일
지은이 이동훈
펴낸이 심만수 ┃ 펴낸곳 (주)살림출판사
출판등록 1989년 11월 1일 제9-210호

주소 413-756 경기도 파주시 교하읍 문발리 파주출판도시 522-2
전화번호 영업 · (031)955-1350   기획편집 · (031)955-1357
팩스 (031)955-1355
이메일 book@sallimbooks.com
홈페이지 http://www.sallimbooks.com

ISBN 89-522-0426-3 04080
     89-522-0096-9 04080 (세트)

* 잘못된 책은 구입하신 서점에서 바꾸어 드립니다.
* 저자와의 협의에 의해 인지를 생략합니다.

값 9,800원